改訂版 | 頭がよくなる

謎解き 社会ドリル

中学受験個別指導教室SS-1副代表
馬屋原 吉博

本書は、小社より2016年に刊行された『頭がよくなる 謎解き 社会ドリル』を、
情報更新、加筆を行うなどした改訂版です。

はじめに～本書の効果・効能～

▼「考える力」が身につきます！

文部科学省が「思考力・判断力・表現力」の育成を重視する方針を打ち出してから、それなりの年月が経過しました。これらの力が複雑化の一途をたどる現代において必須なのは間違いありません。

しかし、実際のところ、お子さんの「思考力・判断力・表現力」は、何をどうすれば鍛えられるのでしょうか。明確な答えを得られないまま、漠然とした不安を抱いていらっしゃる保護者の方は多いようです。

「考える」とは、「突飛な発想をする」ということではありません。

「考える」とは、「複数の知識を正しく組み合わせる」ことです。

この本の、特に後半の72題は、社会に関係する様々な謎（なぞ）を、複数のヒントを使って解き明かしていく問題です。解き進めていくだけで、新しい知識を手に入れつつ、それらをつなげていくという貴重な体験を重ねていくことができます。

それは「考える力」を鍛えるためのトレーニングそのものです。

▼「世の中」について詳しくなります！

「複数の知識を正しく組み合わせる」ことが「考える」ということだとすると、そもそも知識がなければ、考えることはできないということになります。

ここでひとつ、子どもの成長を見守る私たちが知っておくべきことがあります。

それは、社会人として生活している大人は当たり前に知っているけれど、子どもには知るすべがない知識があるということです。理由は簡単です。その多くが、学校の授業で学ぶことができない知識だからです。

「景気が良いとはどういうことか」

「ロボットが増えるとなぜ失業者が増えるのか」

「菊の花はなぜ８月や12月によく売れるのか」

この本を手に取って下さっている大人の方には、ご存じのことばかりでしょう。ただ、いつ、どこで、どうやって知ったか、と聞かれると思い出せない方も多いのではないでしょうか。

こういった類の知識は、お子さんが読書家であったり、学校や塾で気の利いた大人と出会えたりしていれば、保護者の方が知らないところでも学んできてくれます。しかし、そうではない場合、知らないまま大人になる恐れもあります。

この本は、解き進めていくだけで、そういった知識のうち、特に「社会」という科目に縁のあるかなりの量の知識を、身につけることができるように設計しました。

▼中学受験に圧倒的に強くなります！

まず大前提のお話ですが、この本は「中学受験用の問題集」ではありません。

ですから、地理や歴史に興味があるお子さんでしたら、中学受験を考えていないお子さんでも、あるいは小学校低学年のお子さんでも積極的にチャレンジして欲しいと思います。

とはいえ、私自身が、個別指導教室の講師として中学受験生と向き合う日々を送っていることもあり、ほぼすべての問題が「中学入試で問われやすい問題」であるのも確かです。

それはすなわち、この本を解くことで身につく、「考える力」と「世の中に関する知識」は、多くの難関中高一貫校の入試問題を攻略するのに必要な力だということでもあります。

特に、「麻布」「駒場東邦」「海城」「鷗友」などに代表される、「考えさせる記述」を課してくる学校のご受験をお考えの方がいらっしゃいましたら、時期を問わず、たとえ直前期であったとしても絶対に取り組んでおいた方が良いでしょう。

本書の使い方

▼知識問題編100題

知識問題編は、思考の土台となる知識を身につけるための問題です。

原則として２択の問題となっています。間違い選択肢は、引っかけるようなものではなく、正解と大きく異なる内容になるよう心がけました。

問題を解きながら、お子さんの「知っていること」がひとつでも増えれば最高ですし、逆によく鍛えられた中学受験生であれば、さらっと満点をとって欲しいと思います。

▼思考問題編72題

思考問題編は、社会に関する様々な謎を、複数のヒントを組み合わせながら解き明かしていく問題です。

記述問題の答え合わせが少し難しいかもしれません。もし、保護者の方が答え合わせをされる場合は、細かい表現にこだわるのではなく、お子さんの答えが「問われていることの答えになっているか」を重視してください。

たとえお子さんの答えと模範解答が、表現上、ある程度一致していても、お子さんの答えが「問われていることの答え」になっていなければ、正解とはしない方が良いでしょう。

そういった場合は、すぐに「違うよ」というのではなく、「何が聞かれているのか教えて？」と声掛けしてみると、お子さんが考える力を手に入れるための後押しになります。

保護者の方へのお願い

お子さんがこの本の内容を話してくれたときは、せめて「そうなんだ～」と声をかけてあげてください。間違っても「そんなことも知らなかったの？」とはいわないであげてください。子どもが知らないのは当たり前。そんな前提で取り組んでいただきますようお願いいたします。

この本が、お子さんの「頭がよくなる」一助となれば、著者として大変うれしく思います。

2023年３月　　　馬屋原　吉博

もくじ

改訂版『頭がよくなる謎解き社会ドリル』

パート1 知識問題編

テーマ1 地　理

テーマ2 歴　史

思考問題編

テーマ1 地　理

カバーデザイン ● 西垂水　敦（krran）　市川さつき（krran）
カバーイラスト ● みつきさなぎ
本文デザイン ● 二ノ宮　匡（ニクスインク）
本文イラスト ● 熊アート
DTP ● フォレスト
編集協力 ● オルタナプロ
制作協力 ● 加藤　彩

この本の使い方

パート1の「知識問題編」は、やさしい問題から中学入試レベルの問題までの、おもに知識を試す問題を収録しました。パート2の「思考問題編」にむけてのウォーミングアップとしてチャレンジしてください。

解答ページには、親切でわかりやすい解説と、さらに知識を加えるためのヒントをのせました。この本で得た知識をさらに広げることができます。

パート2の「思考問題編」は、パート1の知識をベースに、とことん考える問題です。「ヒント」を有効に活用しながら、じっくり考えて、ひとつひとつていねいに解いてみましょう。「思考問題編」の右側に▲で1～3段階に分けてレベルを表しています。ぜんぶ解き終わったとき、大学受験にも通用する知識と思考力が自分のものになっているはずです。

この本を活用して、東大・京大入試にも対応できる力を身につけてください！

動画配信について

著者の馬屋原吉博先生が、特にむずかしい問題について解説してくれました。その解説動画を「YouTube」に無料配信します！　以下のバーコードをスマートフォン等で読むと、直接動画にアクセスできます。

※解説動画は予告なく終了したり、内容が変更する場合がございます。予めご了承ください。

パート1

知識問題編

知識問題編100題

大半が２択の問題です。まずはサクサク解いてみましょう。

一気に100題解いてしまってもOKですが、前の問題の答えや解説が、次の問題のヒントになっていることもあるので、１ページごとに答え合わせをしながら進めた方が、正答率は上がるかもしれません。

また、地理でも歴史でも、地名が出てきたときに、その場所がパッと頭に浮かばなければ、お手持ちの地図帳で調べて、そこに印をつけておくことをおすすめします。

北海道

1 北海道には何千年も前から「アイヌ」と呼ばれる民族が暮らしています。ちなみに「知床」という地名はアイヌ語の「シリエトク」という言葉からきているようですが、この言葉にはどんな意味があると思いますか？

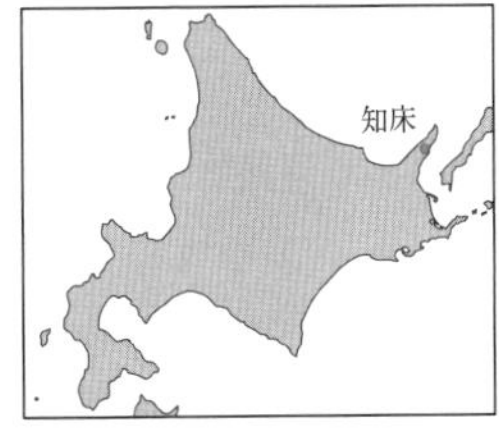

A. 乾燥した広い土地
B. 樹木がしげるところ
C. 地の果て

答え

2 十勝平野は、ジャガイモやてんさい、大豆などの畑作がさかんなところです。ここでは何種類かの作物を、一定の順番で場所を変えながら育てる「輪作」という農業が行われています。なぜ、このような農業が行われているのでしょうか？

A. 同じ畑で同じ作物を連続して育てると、土の中の栄養のバランスが崩れてしまうから
B. 輪作を行っている畑は、空から見るとパッチワークのようで、とても美しいから

答え

3 石狩平野は、泥炭地と呼ばれる農業には向かない土地でしたが、「客土」を行うことによって、今では北海道で一番の米作地帯になっています。さて「客土」とは何をどうすることでしょうか？

A. 離れた場所から、農業に適した土を運んでくること
B. 土の中に穴の開いたパイプを埋め、水はけを良くすること

答え

4 乳用牛を飼育してバターやチーズといった乳製品を作る「酪農」がさかんな根釧台地は、昔から米作りには向かない場所でした。それはある時期に冷たい風が海から吹いてくるからなのですが、その時期とはいつごろでしょうか？

A. 春から夏にかけて
B. 秋から冬にかけて

答え

答え ❶▶❹

❶ C

「シリエトク」というアイヌ語には「地の果て」もしくは「地の突き出たところ」という意味があります。ちなみに、Aは「サットポロ」、Bは「ネモロ」というそうですが、それぞれ今の北海道のどこに当たるか分かりますか？

❷ A

同じ場所で同じ作物を連続して育てているうちに、土の中の栄養バランスが崩れ、作物が育ちにくくなることを「連作障害」といいます。これを防ぐ方法のひとつが十勝平野で行われている「輪作」です。

❸ A

Bも石狩平野で行われている農業の工夫のひとつですが、こちらは「暗きょ排水」と呼びます。新潟県の越後平野で行われていることでも有名です。

❹ A

一般的に、春に田植えをして秋に収穫する日本でイネが元気に育つ条件は、「夏に高温・多雨」です。そのため、春から夏にかけて、寒流である千島海流によって冷やされた風（「やませ」）が吹き、濃霧を引き起こす根釧台地では、米を作るのは難しいのです。

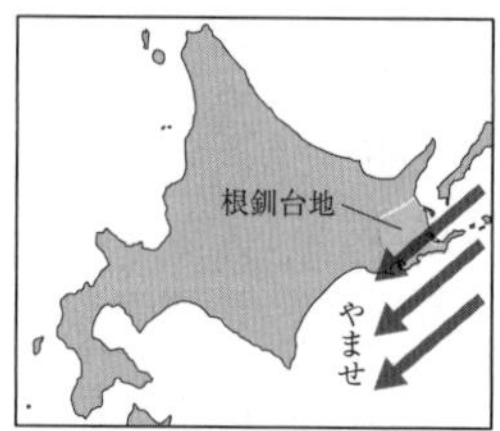

5 海に近い札幌(さっぽろ)市と海から遠い旭川(あさひかわ)市、1月がより寒いのはどちらでしょうか？

A. 海に近い札幌市
B. 海から遠い旭川市

答え

東 北

6 東北三大祭りのひとつである秋田県の竿燈(かんとう)まつりは、神様に何をお願いする祭りでしょうか？ 写真をヒントに考えてみましょう。

A. 世界が平和でありますように
B. お米がたくさんとれますように
C. 子どもが元気に育ちますように

答え

7 青森県から岩手県、宮城(みやぎ)県にかけて広がる三陸海岸(さんりくかいがん)の南側は、複雑に入り組んだ「リアス海岸」ですが、このリアス海岸とは、どのようにしてできた海岸でしょうか？

A. 大昔、谷だったところが海面の上昇(じょうしょう)によって海岸になった
B. 潮の流れで運ばれてきた砂が、少しずつ積もってできた

答え

8 日本でもっとも深いことで知られる秋田県の田沢湖(たざわこ)は「カルデラ湖」ですが、このカルデラ湖とは、どのようにしてできた湖だと思いますか？

A. 曲がりくねった川の一部が切りはなされてできた湖
B. 噴火(ふんか)などによってできた穴に水がたまってできた湖

答え

答え ⑤▶⑧

5 B

一般的に、液体には「温まりにくく、冷めにくい」、固体には「温まりやすく、冷めやすい」という特徴があります。そのため、冬は海の近くにある札幌市よりも、内陸部にある旭川市の方が寒くなります。

6 B

竿燈まつりは、秋の豊かな収穫を願って8月上旬に行われる祭りです。たくさんの提灯は米俵を表しています。ちなみに東北三大祭りの残りの2つも、8月上旬に青森市と仙台市で開催されますが、何という祭りか知っていますか？

7 A

Bは「砂浜海岸」のでき方です。リアス海岸については、波がおだやかで水深が深いため、港を作りやすく、また、養殖に適していることも覚えておきましょう。

8 B

青森県と秋田県の県境にある十和田湖や、北海道にある、霧で有名な摩周湖なども有名なカルデラ湖です。Aは、北海道の石狩川の近くに多い「三日月湖」の説明です。

三日月湖

（出所）Map data ©2016 Google

9 青森県と北海道の間にある津軽海峡は、長い間、「青函連絡船」という船で行き来することができましたが、この船は1988年に廃止されてしまいました。その理由としてふさわしいのは、次のうちどちらでしょうか？

A. 青函トンネルというトンネルが開通したから

B. 青函連絡橋という橋がかけられたから

答え

10 秋田県から岩手県、宮城県にかけて広がる奥羽山脈の中央部には、多くの「地熱発電所」が建設されています。地熱発電とは、どのように電気を作るしくみでしょうか？

A. 地下のマグマによって熱せられた水蒸気の力を利用して電気を作る

B. 天然ガスや石炭、石油などを燃やしてお湯をわかし、水蒸気の力を利用して電気を作る

答え

関　東

11 東京のような大都市には、まわりの地域と比べて気温が大きく異なる傾向があります。さて、暑くなるのでしょうか？それとも寒くなるのでしょうか？

A. 都市部は、まわりの地域に比べて気温が高くなりやすい

B. 都市部は、まわりの地域に比べて気温が低くなりやすい

答え

12 神奈川県を除いた、関東１都５県の水源となっている利根川は、流域面積が日本１位として知られています。さて、「流域」を示しているのは、次のうち、どちらの←→でしょうか？

A

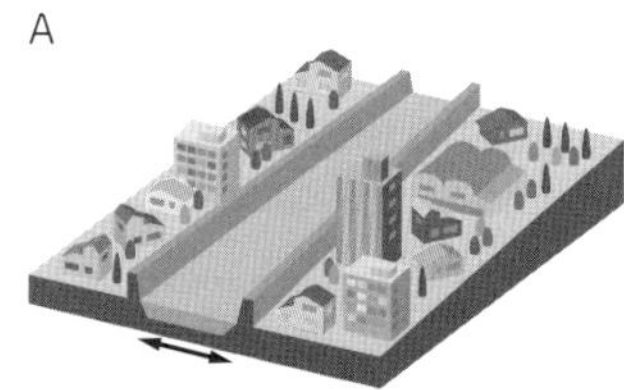

B

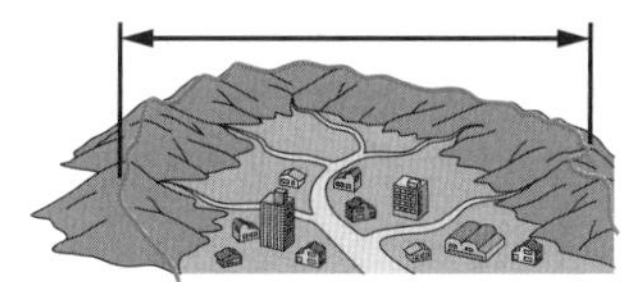

答え

答え ⑨▶⑫

⑨ A

「青函トンネル」は、青森県の津軽半島と北海道の渡島半島をつなぐ鉄道用のトンネルです。ちなみに、津軽海峡には橋はかかっていませんが、青函トンネルが開通したのと同じ1988年、西日本で非常に有名な橋が開通しています。なんという橋か分かりますか？

（出所）JP-Kagawa-Great-Seto-Bridge-Minami Bisan-Seto-Bridge

⑩ A

地熱発電には発電量が天候に左右されないという長所がありますが、地熱発電所をたくさん建てると、まわりの温泉のお湯が減るため、建てられる数に限度があります。Bは「火力発電」の説明です。

⑪ A

自動車やエアコンといった、外に熱を放出する機械が多いことや、水蒸気を出して気温を下げてくれる植物が少ないことから、都市部はまわりの地域に比べて気温が高くなる傾向があります。この現象を「ヒートアイランド現象」と呼びます。

⑫ B

流域とは川の幅のことではなく、川が雨や雪を集めてくる範囲を指す言葉です。日本で流域面積がもっとも広い利根川の流域は、群馬県全域から栃木県、埼玉県、茨城県、東京都、千葉県にまで広がっています。

13 都道府県ごとの農産物の生産額を比べたとき、1位にくるのは圧倒的に北海道ですが、千葉県や茨城県も毎年上位に位置します。さて、千葉県や茨城県では、主にどんな農業がさかんに行われているのでしょうか？

A. 作物を買ってくれる人がたくさん住んでいる大都市の近くで、主に野菜などを育てる農業
B. 夏でもすずしい気候を利用して、一般的に冬にとれるレタスなどを夏に出荷する農業

答え

14 千葉県にある「成田国際空港」は、日本でもっとも大きな貿易港のひとつですが、ここで主に取り扱われているものとして正しいのは次のうち、どれでしょうか？

A. IC（集積回路）・医薬品など
B. 自動車・石油など
C. 衣類・肉類など

答え

15 関東には「京浜工業地帯」の他に2つの「工業地域」が広がっています。海に面した「京葉工業地域」と、海に面していない「関東内陸工業地域」、それぞれ、もっともさかんな工業の組み合わせとして正しいものはどちらでしょうか？

A. 京葉―化学工業、関東内陸―機械工業
B. 京葉―機械工業、関東内陸―化学工業

答え

中　部

16 中部地方にある飛驒山脈、木曽山脈、赤石山脈の3つの山脈は、高さが3000mを超えるところも多く、「日本の屋根」とも呼ばれています。さて、一般的に標高が高いところへ行けば行くほど、気温はどう変化していくでしょうか？

A. 太陽に近づくので、気温は上がる（暑くなる）
B. 地上から離れるので、気温は下がる（寒くなる）

答え

⑬ A

大都市の近くで、買ってくれる人がたくさん住んでいるところまで運ぶのにかかる費用（お金）を安く抑え、主に野菜などを育てる農業を「近郊農業」といいます。淡路島で行われているたまねぎの近郊農業も有名です。Bは「高冷地農業」の説明です。

⑭ A

航空機は、目的地まで早く着く代わりに、より多くの運賃がかかります。そのような航空機で運べるものは、基本的に「小型で、軽くて、高価」なものです。重いものは一般的に船で運びます。Bは名古屋港や横浜港、Cは東京港で主に取り扱われているものです。

⑮ A

石油化学工業は、原料である原油が「タンカー」と呼ばれる大型の船で運ばれてくるので、主に海に面したところでさかんに行われる工業です。それに対して、機械工業は、製品をトラックなどで運びやすいこともあって、海に面していない内陸部でも行われやすい工業です。

⑯ B

太陽の熱は、地球に届くと、まず地面を温めます。そのあと、温められた地面が下から空気を温めていきます。そのため、一般的には高いところへ行けば行くほど、気温は下がります。

17 愛知県、岐阜県、三重県の３県が接する濃尾平野には、まわりを堤防で囲んだ「輪中」と呼ばれる集落が見られます。まわりを堤防で囲んだ集落が生まれた理由としてふさわしいのは、次のうちどちらでしょうか？

A. ３つの川の河口が集まっていて、大雨が降ったときに洪水が起こりやすい場所だから

B. 地面がアスファルトで固められている場所が多く、水があふれやすい場所だから

答え

18 新潟県や石川県といった、中部地方のうち、特に日本海側の地域を北陸と呼びます。北陸は、昔から受けつがれてきた技術を用いた「伝統工芸品」の生産がさかんな地域です。この地域で古くから伝統工業がさかんなのはなぜだと思いますか？

A. 大雪が降って農業ができない冬の間、室内でものづくりにはげむ人が多かったから

B. あまりにも暑くて農業ができない夏の間、室内でものづくりにはげむ人が多かったから

答え

19 愛知県から三重県にかけて広がる「中京工業地帯」は、現在、日本で一番（出荷額が）大きい工業地帯です。さて、この工業地帯でもっともさかんなのはどんな工業でしょうか？

A. せんい工業

B. 自動車工業

C. 石油化学工業

答え

20 愛知県の渥美半島では、電球で照らすことで成長スピードを調整しながら菊を育てる「電照菊」の栽培がさかんです。さて、この電照菊は「成長を早める促成栽培」でしょうか？　それとも「成長を遅らせる抑制栽培」でしょうか？

（出所）電照菊2011-05B／At by At

A. 成長を早める促成栽培

B. 成長を遅らせる抑制栽培

答え

答え ⑰▶⑳

⑰ A

「木曽三川」と呼ばれる揖斐川、長良川、木曽川が集まる濃尾平野は、昔から、大雨によって川の水があふれ、洪水が発生しやすい地域でした。Bは最近の「ゲリラ豪雨」の増加に伴い、大都市で問題となっている「都市型水害」の原因のひとつです。

⑱ A

夏と冬に、それぞれ異なる作物を作ることを「二毛作」といいます。北陸地方は冬、雪にとざされるため、二毛作ができません。そのため、農業ができない冬の間、伝統工業にたずさわる人が多かったといわれています。北陸地方の伝統工芸品、あなたはいくついえますか？

⑲ B

中京工業地帯を代表する工業都市は、自動車工業がさかんな豊田市です。世界的に有名な大企業のまわりに多くの関連工場が集まっている「企業城下町」です。とはいえ、中京工業地帯でさかんなのは自動車工業だけではありません。他にどんな工業があるでしょうか？

⑳ B

菊の花は普通、秋に咲きます。日照時間が少なくなるにつれて、つぼみが育ち、花が開くので、電球で照らすことによって花が咲く時期を遅らせることができます。

近　畿

21 今の和歌山県や三重県の南の方は、昔、「紀州」「紀ノ国」と呼ばれていました。その理由としてふさわしいのは、次のうちどちらでしょうか？

A.「黄」色に染め上げられた絹織物が有名だったから

B. 温暖で雨の量が多く、「木」がたくさん育つことで有名だったから

答え

22「清水の舞台から飛び降りる」ということわざがあります。「思い切った決断をする」という意味のことわざですが、さて、このことわざに出てくる京都のお寺「清水寺」は次のうちどれでしょうか？

A

B

C

答え

23 1980年代後半から、大阪府の面積は段階的に増えていきました。その理由としてふさわしいのは、次のうちどちらでしょうか？

A. 大阪湾の海底で火山が噴火し、新たに島が生まれたから

B. 空港などを建設するために、埋め立てを進めたから

答え

24 1979年、滋賀県は、県内で（リンを含む）合成洗剤を使うことを禁止する決まりを作りました。なぜ、このような決まりが作られたのでしょうか？

A. 合成洗剤に含まれるリンが毒となって、琵琶湖でとれる魚の体内にたまり、それを食べた人が病気になったから

B. 合成洗剤に含まれるリンが栄養となって、琵琶湖のプランクトンが増加し、赤潮が発生するようになったから

答え

答え 21▶24

21 B

「木」が育つから「紀ノ国」と呼ばれた、というのは、冗談のように聞こえるかもしれませんが本当の話です。ちなみに「紀州」とは関係ありませんが、Aの黄色に染め上げられた絹織物は「黄八丈」という八丈島の伝統工芸品です。

22 C

AもBもCもすべて京都にあるお寺ですが、思い切って飛び降りられそうな「舞台」があるのはCの清水寺です。清水寺は、平安時代に登場する、蝦夷と戦った征夷大将軍「坂上田村麻呂」と深い関係のあるお寺です。ちなみに、Aは「鹿苑寺金閣」、Bは「平等院鳳凰堂」の写真です。

23 B

1994年に開港した「関西国際空港」は、大阪湾の埋立地の上にあり、周囲に住宅地がないため、24時間、飛行機が発着できる飛行場です。ちなみに大阪府は、海に面している都道府県の中で唯一、自然にできた離島がない県です。

24 B

合成洗剤に含まれるリンは、湖に住む植物プランクトンにとっては栄養となる物質です。リンが琵琶湖に流れ込むことにより、植物プランクトンが大量に発生し、水面が赤く染まって生臭いにおいがたちこめる「赤潮」が発生しました。今の日本で売られている合成洗剤には、リンはほぼ使われていません。

25 兵庫県神戸市には「ポートアイランド」「六甲アイランド」という２つの大きな島があります。埋め立てによって人工的に作られた島ですが、どうしてこのような島が作られることになったのでしょうか？

A. 山地が海にせまっていて、平野がせまく、主に住宅地が不足していたから

B. 神戸市の人口が増加していく中、より多くの米を作る必要があったから

答え

中国・四国

26 中国地方の日本海側や四国地方の太平洋側では、人口がどんどん減っていく「過疎化」が進んでいます。過疎化が進むと、そこに住んでいる人々の生活はどうなっていくでしょうか？

A. 学校や病院などの施設が減っていき、そこに住む人々の生活がより不便になる

B. 学校や病院などの施設が混み合うことがなくなり、皆がより手厚いサービスを受けられるようになる

答え

27 香川県の讃岐平野など、瀬戸内海に面した地域には古くから「ため池」がたくさん作られてきました。これはなぜでしょうか？

（出所）https://upload.wikimedia.org/wikipedia/ja/a/af/SanukiHeiya.JPG

A. 雨がたくさん降るので、洪水にならないよう、一時的に水をためておく場所が必要だったから

B. 雨があまり降らないので、水不足に備えて普段から水をためておく場所が必要だったから

答え

28 高知平野では、冬でもあたたかい気候を利用した、ある特殊な農業がさかんです。それは次のうち、どれでしょうか？

A. ナスやピーマンなど、主に実を食べる野菜の「促成栽培」

B. キャベツやレタスなど、主に葉を食べる野菜の「抑制栽培」

答え

答え ㉕▶㉘

㉕ A

戦後、神戸港での貿易が増える中、船が泊まれる場所を広げるために、人工島である「ポートアイランド」が作られ、そのあと、住宅地が多い「六甲アイランド」が作られました。埋立地である人工島にも緑地や公園はありますが、農業に適した場所ではありません。

㉖ A

今の日本では、大都市、特に東京に人々が集まることにより、地方では人口が極端に減っていく「過疎化」が進んでいます。過疎化が進むと、学校や病院の数、バスや鉄道の本数や路線までが減っていき、その地方の住民の生活はとても不便なものになっていきます。

㉗ B

中国山地と四国山地にはさまれて季節風の影響を受けにくい瀬戸内海に面した地域は、１年を通じて雨の量が少ない地域です。1月の平均気温が、約５℃前後になることも合わせて覚えておきましょう。

㉘ A

冬の日照時間が長い高知平野や宮崎平野では、普通は夏に出荷される野菜を、ビニールハウスなどを用いて栽培し冬に出荷する「促成栽培」がさかんです。促成栽培で作られるのは、主にナスやピーマンといった、実を食べる「夏野菜」です。

29 瀬戸内海に面した地域には、たくさんの工場をパイプでつないだ「石油化学コンビナート」が広がっています。その理由としてふさわしいのは、次のうちどちらでしょうか？

A. 瀬戸内海に面した地域では、石油が採れるから

B. 瀬戸内海は、波も穏やかで、石油を運ぶタンカーが入ってきやすい場所だから

答え

30 愛媛県の南西に広がる宇和海では、真珠やタイの養殖がさかんです。養殖に適しているのは、水深が深く、波が穏やかな海なのですが、これをヒントに宇和海は「リアス海岸」なのか「砂浜海岸」なのか、考えてみましょう。

A. リアス海岸

B. 砂浜海岸

答え

九　州

31 筑紫平野はクリークと呼ばれる水路がはりめぐらされていることで有名なのですが、最近、このクリークは減り続けているようです。その理由としてふさわしいのは、次のうちどちらでしょうか？

A. より多くの米を生産するために、水路であった部分も水田にしようとしているから

B. クリークがあると、作物を効率よく作るために必要な大型の機械が使いにくいから

答え

32 鹿児島県や宮崎県など、九州の南の方の地域は「シラス」と呼ばれる火山灰でできた土で覆われていて、米はあまり作られず、さつまいもや茶の栽培、畜産などがさかんです。火山灰が積もったところで米を作りにくいのはなぜでしょうか？

A. 火山灰でできた土は、(砂のように)「水はけが良い」から

B. 火山灰でできた土は、(ねん土のように)「水持ちが良い」から

答え

答え ㉙▶㉜

㉙ B

日本で使われている石油の99.7%は、サウジアラビアなどの中東の国々やロシアなど、海外の国から輸入したものです（2019年）。瀬戸内海は波が穏やかで、石油を運ぶ「タンカー」が入って来やすく、また、たくさんの工場を建てるための広い土地が海沿いに広がっていたため、「石油化学工業」がさかんです。

タンカー

㉚ A

海岸線が複雑に入り組んでいる「リアス海岸」の近くの海は、水深が深く、波が穏やかになります。また、宇和海には南から、魚のえさとなるプランクトンを多く含んだ日本海流（黒潮）が流れ込むこともあり、真珠やタイの養殖がさかんです。

㉛ B

田と田の間に水路があると、トラクターやコンバインといった大型の機械が使いにくくなります。また、日本では、ご飯の代わりにパンやめん類を食べる人が増えたため、米を作るのをやめ、水路を必要としない畑作に切り替える農家が増えているという事情もあります。

㉜ A

雨などが降った後、すぐに水が抜け、乾いていく土地を「水はけが良い」といいます。「シラス台地」のような、火山灰でできた土に覆われた水はけが良いところでは、田に水をためておくのが難しいので、米は作りにくいのです。

33 1901年に「八幡製鉄所」が操業を始めたこともあり、北九州工業地帯ではかつて「製鉄業」がさかんでした。その理由としてふさわしいのは、次のうちどちらだと思いますか？

A. 鉄の原料である鉄鉱石を、主にオーストラリアから輸入していたから

B. 鉄の原料である鉄鉱石を、主に中国から輸入していたから

答え

34 九州地方は、空港の近くにIC（集積回路）を作る工場が多く建てられています。ICのように航空機で運ばれるものには、ある特徴があるのですが、それは次のうち、どちらでしょうか？

A. 大型で、重くて、安価な（値段が安い）もの

B. 小型で、軽くて、高価な（値段が高い）もの

答え

35 沖縄県には、屋上に給水タンクを設置している家が多いのですが、それはなぜでしょうか？

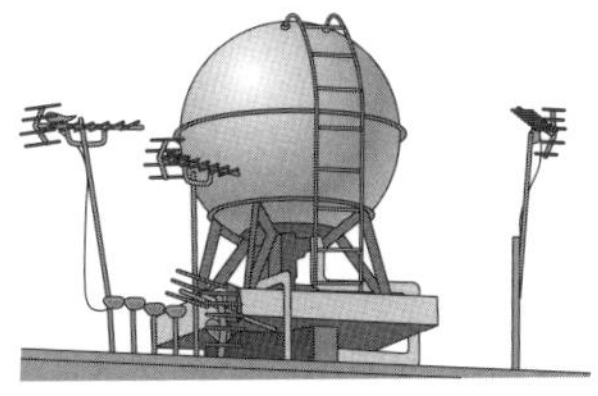

A. 1年中、雨が少なく、水不足になりやすいから

B. 大きな川がなく、雨水がすぐに海に流れてしまうから

答え

農　業

36 1970年ごろから、日本では、政府が農家に米作りをやめるよう要求するようになりました。これを「減反政策」といいますが、なぜ、このような政策が必要となったのでしょうか？

A. パンやめん類などを食べる人が増え、米が余るようになったから

B. 外国で作られた米の方が、使われる農薬の量が少なく安全だと考える人が増えたから

答え

答え 33 ▶ 36

33 B

鉄の原料は「鉄鉱石、石炭（コークス）、石灰石」です。明治時代、鉄鉱石の主な輸入先であった中国、石炭が生産されていた九州の筑豊炭田、石灰石が産出される山口県の秋吉台、それら３つの場所に近いという理由で北九州に八幡製鉄所が建設されました。

34 B

14で扱ったように、航空機は、そもそも一度に運べる物の量が少ないので、小型で軽い物を運ぶのに向いています。また、飛ぶのに大量の燃料を必要とするので、輸送費が高くつきます。したがって、あまり安い物を運ぶと採算が合わなくなってしまいます。では、Ａのような物は、主にどのような乗り物で運ばれるか分かりますか？

35 B

沖縄県に降る雨の量は決して少なくありません。しかし、大きな川やダムがなく、降った雨がすぐに海に流れて海水になってしまうため、生活や農業に利用できる淡水は不足しやすい、という特徴があります。

36 A

1960年くらいから日本人の食生活は多様化しはじめ、ごはんの代わりにパンやめん類を食べる人が増えました。その結果、米が余るようになってしまったため、1970年ごろから、政府は農家に米作りをやめることや、米以外のものを作ることをすすめるようになりました。ただ、「減反政策」自体は2018年に終了しています。

37 ナスやピーマンは、基本的に夏にできる野菜で、キャベツやレタスは基本的に冬にできる野菜です。しかし、スーパーマーケットのようなお店に行くと、どの野菜も1年中、売られています。これはなぜでしょうか？

A. 冬でも暖かいところや、夏でもすずしいところで、時期をずらして生産している人がいるから
B. 保存の技術が発達し、とれた野菜を半年近く新鮮なままにしておけるようになったから

答え

38 近年、野菜を工場で育てる「野菜工場」が話題になっていますが、野菜を工場で育てることのメリット（利点）は何でしょうか？　<u>ふさわしくない</u>ものを選んでください。

A. 洪水や日照りなどによって作物がとれなくなってしまうことがない
B. せまい土地をより効率よく使うことができる
C. 畑で育つ野菜よりも、より安く販売することができる

答え

水産業

39 マグロをとる際、長いロープを海面に浮かべ、そこから何本も釣り針を垂らしてマグロを釣る「はえなわ」と呼ばれる漁法が使われることがあります。一度に大量に魚を捕まえることができる「網」を使わずに、わざわざ「針」で釣るのには、ある理由があるのですが、それは次のうち、どちらでしょうか？

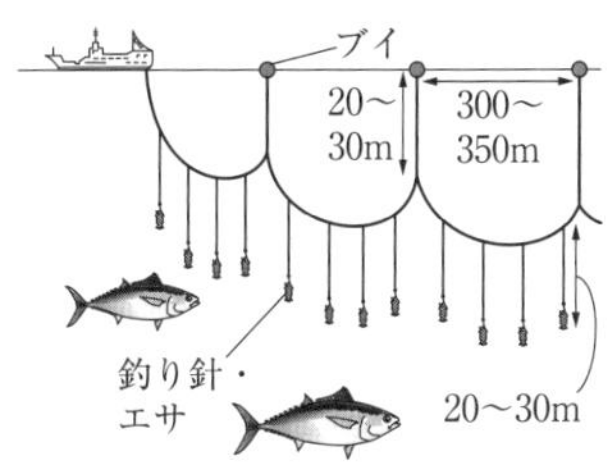

A. マグロは、お刺身やお寿司のネタとして、生で食べられることが多いから
B. マグロは、加工され、かまぼこやちくわなどにされることが多いから

答え

答え 37 ▶ 39

37 A

保存の技術は進歩していますが、鮮度の低下を完全に止めることはできません。20 や 28 で扱ったように、特殊な気候を利用して時期をずらして生産した野菜は、より高い価格で売ることができるため、作る側の農家にもメリットがあります。

38 C

野菜工場を建設するには、今のところとても多くのお金（数億円！）がかかります。電気代など、工場を維持していくのにもお金がかかるので、そこで作られた野菜は畑で作られた野菜よりも高くなりがちです。

39 A

マグロやカツオのように、お刺身やお寿司のネタとして生で食べられることの多い魚は、体に傷がついていると、そこから腐っていきやすいため、値段が下がってしまう傾向があります。「網」を使って魚をとるよりも、「針」で釣った方が、魚の体に傷はつきにくいようです。

40 魚や貝などの養殖がさかんな地域では、養殖を行っている人が、山に登って木を植える作業に取り組んでいることがあります。これはなぜでしょうか？

A. 海に、栄養を含んだ水を運んできてくれる川の水源を守るため

B. 魚を育てる「いけす」を作るのに、大量の木材が必要だから

答え

林　業

41 日本にある森林の約４割が、人が木を植えて作った人工の林だそうです。この人工林は、そのほとんどがスギなどの針葉樹林なのですが、その理由としてふさわしいのはどちらでしょうか？

A. 針葉樹はまっすぐに伸びるため、家などを建てる材料として使いやすいから

B. 針葉樹は根をはる範囲が広いため、山くずれなどの災害をふせぎやすいから

答え

工　業

42 天然ガスや石炭、石油などを燃やしてお湯をわかし、その蒸気の力で電気を起こす「火力発電」の長所として、ふさわしいのはどちらでしょうか？

A. 火力発電所は、多くの電気を必要とする工場の近くに建てやすい

B. 火力発電所は、地球温暖化の原因となる二酸化炭素を出さない

答え

43 太陽光や地熱、風力といった「自然エネルギー」から生み出される電気は、日本全体で発電されている電気のうち約12%です（2019年）。なぜ、そんなに少ないのでしょうか？

A. 自然エネルギーによる発電は、地球温暖化の原因となる二酸化炭素をたくさん出すから

B. 自然エネルギーによる発電では、大量の電気を安定して生み出すのが難しいから

答え

答え 40▶43

40 A

森林の土は、しみ込んできた雨水に窒素やミネラルなどを加え、ゴミを取り除いた上で川に流します。こうして海にたどりつく水は、魚や貝などのエサとなるプランクトンを増やしてくれる、養殖に適した水です。そのため、より豊かな森林を作るために、山に登って植林に取り組んでいる養殖関係者は少なくありません。

41 A

スギやヒノキといった針葉樹は、広葉樹に比べて成長が速く、木目がまっすぐで建築に適しているため、人工林を作る際には、針葉樹が植えられることがほとんどです。

42 A

水力発電所や地熱発電所はその仕組み上、山がちな場所に作られることが多いのに対し、火力発電所は比較的大都市の近くに建てることができます。電気を作るところと、電気を使うところはできるだけ近い方が、送電にかかるコストが少なくて済みます。

43 B

太陽光や風力といった「自然エネルギー」による発電は、一般的に電気を作るときに何かを燃やすということがないので、二酸化炭素を出しません。しかし、供給できる電気の量が天候などに左右されやすく、工場などを動かすのに必要な大量の電気を安定して供給するのが難しいというデメリットがあります。

44 日本では、多くの工場で「産業用ロボット」と呼ばれているロボットが活躍するようになっています。産業用ロボットが活躍するようになったことによる影響としてふさわしいものは、次のうちどれでしょうか？

A. 産業用ロボットを使用することで、工場で働く人の休みが増える
B. 産業用ロボットを使用することで、工場で働く人の数を減らすことができる

答え

45 日本では長い間、外国から原料を輸入し、日本の工場で製品にして外国に輸出する「加工貿易」がさかんでした。日本で1970年代後半からたくさん作られるようになり、今もなお、日本の代表的な輸出品となっている製品はなんでしょうか？

A. 生糸
B. 自動車

答え

46 1980年ごろから、「加工貿易」は少しずつ衰えはじめ、今の日本は「製品（できあがった完成品）」を輸入することも多くなりました。この理由としてよりふさわしいのはどちらだと思いますか？

A. 日本よりも人件費が安い東南アジアなどの国々の工業力が上がっていったから
B. 東南アジアで作られた製品を積極的に買う日本人が増えてきたから

答え

経　済

47 欲しがっている人が多いのに、作られる量が少ないモノがあった場合、そのモノの値段はどうなっていきますか？

A. 上がっていく
B. 下がっていく

答え

答え 44 ▶ 47

44 B

産業用ロボットが活躍するようになると、今までその仕事をやっていた人は仕事を失ってしまいます。逆に、工場を運営する会社としては、産業用ロボットを導入することによって、人に働いてもらうために必要なお金である人件費を減らすことができます。

45 B

1973年に石油の価格が上がる「石油危機」が起きると、日本は、化学工業などに比べ、作る段階で石油をあまり必要としない「機械工業」、その中でも特に「自動車工業」に力を入れるようになりました。今でも豊田市や横浜市、広島市や太田市などでは自動車の生産がさかんです。

46 A

複雑な工業製品を作るには技術と経験の積み重ねが必要です。東南アジアなどの国々の工業力が上がってきた結果、日本では、それらの国々で生産された質の良い工業製品の輸入量が増えてきました。

47 A

欲しがっている人が多いのに、作られる量が少ないモノがあった場合、「少し高くても買いたい！」という人が増えるため、値段は上がっていきます。逆に欲しがっている人が少ないモノが、たくさん作られた場合、そのモノの値段は下がっていきます。

48 お金が手に入ったとき、「買い物をしよう！」と思う人が多い社会と、「貯金をしよう！」と思う人が多い社会では、どちらが「景気が良い」でしょうか？

A. 「買い物をしよう！」と思う人が多い社会

B. 「貯金をしよう！」と思う人が多い社会

答え

貿　易

49 ドルやユーロといった外国のお金に対して、円の価値が上がることを「円高」、円の価値が下がることを「円安」といいます。昨日1ドル＝100円だったのが、今日1ドル＝110円になっていたとすると、このとき円の価値は上がったのでしょうか、それとも下がったのでしょうか？

A. 1ドルと交換するのに1円玉がさらに10枚必要になったので、1円の価値は上がった（円高になった）

B. 1ドルと交換するのに1円玉がさらに10枚必要になったので、1円の価値は下がった（円安になった）

答え

人　口

50 人の数が減っていかないようにするためには、1人の女性が、平均して何人の子どもを産む必要があるでしょうか？

A. 約1人

B. 約2人

C. 約3人

答え

答え 48▶50

48 A

「買い物をしよう！」と思う人が多い社会では、モノがよく売れます。売れるモノが多いということは、働いている人（モノを売る人）のお給料などが上がる可能性も高いということです。お給料が上がれば、もっとたくさんのモノを買うことができます。これが「景気が良い」といわれる状態です。

49 B

１円玉を100枚集めれば１ドルと交換してもらえた「昨日」と、１円玉を110枚集めないと１ドルと交換してもらえない「今日」とでは、１円玉１枚の価値は「今日」の方が下がっているといえます。これを「円安」になったと表現します。

50 B

ある年の、15歳から49歳までの女性の年齢別出生率を合計したものを「合計特殊出生率」と呼びます。ちょっと難しい言葉ですが、「１人の女性が一生の間に産む子どもの平均人数」とほぼ同じになるといわれています。これが2.07を下回ると人口は減っていきます。日本の合計特殊出生率は2021年の時点で1.30であり、この状態が続くと人口は急激に減っていきます。

旧石器

51 1948年、長野県の野尻湖（のじりこ）遺跡から、旧石器時代（きゅうせっき）のナウマンゾウの化石が見つかりました。もともとユーラシア大陸に住んでいたナウマンゾウの祖先たちは、どうやって日本に来たと考えられているでしょうか？

A. 海を泳いで来た

B. 陸を歩いて来た

答え

縄　文

52 約１万数千年前、時代が旧石器時代から縄文時代（じょうもん）に移り変わっていくころ、「土器（どき）」が使用されるようになりました。この「土器」の発明によって、人々が新たにできるようになったこととして、<u>ふさわしくない</u>ものはどれでしょうか？

A. 木の実などを保存することができるようになった

B. お湯をわかすことができるようになった

C. 肉を焼いて食べることができるようになった

答え

弥　生

53 弥生時代（やよい）、「奴国（なこく）の王」や「邪馬台国（やまたいこく）の女王、卑弥呼（ひみこ）」といった人物が、部下を当時の中国につかわしていたという記録が残っています。当時、原始的な船で日本海を渡るのは命がけでしたが、どうして彼らは中国に使いを送ったのでしょうか？

A. 自分の王としての地位を、王よりも強い力をもつ中国の皇帝（こうてい）に認めてもらうため

B. 自分たちの国が、中国と対等であることを、中国の皇帝に認めさせるため

答え

答え 51▶53

51 B

「ナウマンゾウ」が日本にやって来たのは、今から数十万年前だといわれています。そのころの地球は今よりも寒かったため、今、海水となっている水のうち、何割かが陸地の上で氷となって固まっていたようです。そのため海面は今よりも低く、結果として日本列島はユーラシア大陸とつながっていました。

52 C

ねん土をこねて器の形にし、焼いて固めた「土器」を発明したことで、人類は食べるものを保存したり、お湯をわかしたり、食べるものを煮込んだりすることができるようになりました。土器がない時代に比べて「食べられるもの」が増えた結果、人口は増加していくことになりました。焼き肉は土器がなくても調理が可能ですね。

53 A

福岡県の志賀島というところで、「漢委奴国王」という字がほられた金のハンコが見つかっています。これは弥生時代、中国にあった漢という国の皇帝が、九州地方にあった奴国の王の地位を認めた証拠として、奴国の王の使いに持ち帰らせたものだと考えられています。

金印（漢委奴国王）

古　墳

54 3世紀後半から7世紀ごろ（今から約1700年前から1300年前）にかけて、日本各地に「古墳」と呼ばれる建造物が建てられました。これらの「古墳」はなんのために建てられたのでしょうか？

（出所）国土交通省

A. えらい人の家
B. えらい人の墓

答え

飛　鳥

55 604年、聖徳太子は国のために働く人の心がまえを示した「十七条の憲法」を定めました。この「十七条の憲法」の第1条は「和をもって貴しとなす」というのですが、これはどういう意味でしょうか？

A. 争いを起こさないようにしなさい
B. 仏教を大切にしなさい
C. 天皇の命令には従いなさい

答え

56 645年ごろから、中大兄皇子は天皇中心の国を作るための改革を始めました。これを「大化の改新」といいますが、この改革の大きな方針である「公地公民」とはどのような方針なのか、「公」という漢字の意味をヒントに考えてみましょう。

A. 土地をもっている人は、自分の土地を自由に使って豊かになりましょう！
B. 土地や人は、すべて、だれかのものではなく国のものとします！

答え

57 7世紀後半、多くの農民が九州に連れていかれ、3年の間、兵隊として働かされました。この兵隊は「防人」と呼ばれていましたが、多くの人びとが防人として九州に送られたのはなぜでしょうか？

A. 当時、大陸にあった「唐」や「新羅」に攻めていこうとしたから
B. 当時、大陸にあった「唐」や「新羅」に攻めてこられる可能性があったから

答え

答え 54▶57

54 B

古墳の中には、当時の権力者の遺体を納めた「ひつぎ」があります。古墳のような、昔の権力者が自分のために作らせた巨大な墓は世界各地にあり、その中でも特に有名なのがエジプトのピラミッドです。

55 A

聖徳太子が役人の心がまえを示したといわれているのが「十七条の憲法」です。その第１条「和をもって貴しとなす」とは、「何ごとも皆で協調し、仲良くやっていきなさい」というメッセージでした。ちなみに第２条は「仏教を大切にすること」、第３条は「天皇の命令に従うこと」を、それぞれ役人たちに求めています。

56 B

「公」とはこの場合「国（ヤマト政権）」のことを指します。中大兄皇子は、お金や地位をもっている「豪族」の力を弱め、天皇に権力を集めるため、豪族が支配している土地や人を、すべて国のものにすることを目指しました。

57 B

663年にヤマト政権は「白村江の戦い」という戦争で、当時の中国であった唐と、朝鮮半島にあった新羅という国の連合軍に敗北しました。そのまま、唐と新羅に攻め込まれる可能性があったため、当時のヤマト政権は主に東国の農民を防人として九州に送りました。

奈 良

58 奈良時代、租・調・庸と呼ばれる税を納めるのが苦しくなった農民は、どんな行動に出たでしょうか？　次のうち、ふさわしいものを選びましょう。

A. 田を捨てて逃げた
B. よりたくさんの作物を作るため、夏に米を育てた後、冬に麦を育てるようになった
C. 農民同士で力を合わせて、ヤマト朝廷に逆らう暴動を起こした

答え

59 奈良時代、農民たちのくらしは本当に厳しいものでした。山上憶良という人が、寒さや飢えに苦しむ農民の様子を「貧窮問答歌」という歌に残しています。さて、そんな苦しい農民を見て、当時の天皇、聖武天皇はどのようなことを考えたでしょうか？

A. みんなが苦しんでいるのは、税の取り立てがきついからに違いない。税を軽くしよう！
B. みんなが苦しんでいるのは、仏様のご加護が足りないからだ。お寺や仏像をたくさん作ろう！

答え

60 奈良時代、鑑真と呼ばれる唐（当時の中国）の位の高いお坊さんが、失敗を重ねた末、6度目の航海でやっと日本にたどりつきました。彼はなんのために命がけで日本に来たのでしょうか？

A. 日本に仏教の決まりを正しく伝えるため
B. 東大寺の大仏をなんとしてでもひと目見るため

答え

平 安

61 都を平安京に移した桓武天皇は、坂上田村麻呂を「征夷大将軍」という位につけ、「蝦夷」と呼んでいた東北地方のヤマト朝廷に従わない人々を攻撃させました。さて、この「蝦夷」の「夷」という字は、弥生時代の中国の歴史書「『後漢書』東夷伝」にも登場しますが、どんな意味の漢字だと思いますか？

A. 東の方角に住んでいる外国人を尊敬して呼ぶときに使う漢字
B. 東の方角に住んでいる外国人を差別して呼ぶときに使う漢字

答え

答え 58▶61

58 A

Bのように1年に2種類の作物を作ることを「二毛作」といいますが、これが日本で始まったのは平安時代の終わりごろです。また、Cのように農民たちが力を合わせて、自分たちを支配する人たちに反対して（「一揆」を結び）暴動を起こすようになるのは、奈良時代から約700年後、室町時代のことです。

59 B

農民の生活が苦しかったのは、主に税の取り立てがきつかったからだと考えられますが、それでもAではなくBのように考えた聖武天皇は、全国に120以上の寺を建て、都には東大寺を建てて大仏を作らせました。寺や大仏を作るために、農民たちは、それまで以上に大きな負担を背負わされました。

60 A

当時、正式な僧になるためには、位の高い僧から「戒律」と呼ばれる仏教の様々な決まりを授けられる必要がありましたが、当時の日本には戒律を授ける資格を持った位の高い僧がいませんでした。そこで、その資格を持っていた唐の高僧、鑑真が、日本の僧に戒律を授けるため、命がけで海を渡って日本に来たのです。

61 B

「『後漢書』東夷伝」の「東夷」という言葉は、当時の中国人が東に住んでいる倭人（日本人）を見下して呼んだ言葉でした。平安時代の人々はこの中国人のまねをして、自分たちよりも東側に住んでいる東北地方の人々を蝦夷と呼んで差別していました。

62 現在、島根県や広島県があるあたりを正式に「中国（地方）」と呼び始めたのは、今から約1000年前のことなのですが、さて、どうしてそのような呼び方をするようになったのでしょうか？

A. 全国を、都（みやこ）の「近く」「遠く」「その中間」に分けたとき「その中間」に位置していたから

B. 平安（へいあん）時代よりも前に中華人民共和国（ちゅうかじんみんきょうわこく）から移ってきた人々の子孫たちが多い地方だったから

答え

63 平安時代の中ごろ、藤原氏（ふじわらし）の一族が、天皇を押しのけて政治を行うようになりました。藤原氏の中でも、もっとも強い権力をふるったとされるのが藤原道長（ふじわらのみちなが）ですが、彼は有名な和歌の中で、自分の権力を「あるもの」に例えました。「あるもの」と何でしょうか？

A. 世界を明るく照らす太陽

B. 欠けたところのない満月

答え

64 平安時代、岩手県の平泉（ひらいずみ）に「中尊寺金色堂（ちゅうそんじこんじきどう）」という建物が建てられました。この建物は、死んだ人を「浄土（じょうど）」に連れていってくれる「阿弥陀如来（あみだにょらい）」をまつった建物だったのですが、同じころ、京都の宇治（うじ）にも同じく阿弥陀如来をまつった建物が建てられています。10円玉にもデザインされているこの建物は次のうち、どれでしょうか？

A

B

C

答え

テーマ2 歴史

62 A

当時の都は京都にありました。ちなみに現在の「中華人民共和国」が建国されたのは1949年のことです。

63 B

藤原道長は1018年に「この世をば　我が世とぞ思ふ　望月の欠けたることも　なしと思へば」という有名な和歌を歌いました。「欠けているところのない満月のように、この世はすべて私のものである」という意味の和歌です。

64 B

Bの「平等院鳳凰堂」は、藤原道長の息子、藤原頼通が京都の宇治に建てた、阿弥陀如来をまつる阿弥陀堂です。平安時代の後期、仏教の中でも特に、人を浄土に連れていってくれる阿弥陀如来を信仰する「浄土教」という教えが人々の間に広まっていきました。

65 藤原道長・頼通親子の時代が終わると、天皇に権力が戻ります。このとき天皇であった白河天皇は「院政」と呼ばれるちょっと変わった政治を始めるのですが、これはどのような政治だったでしょうか？

A. 天皇をやめ、息子を天皇にして政治を任せ、自分は楽しく遊んで暮らす

B. 天皇をやめ、息子を天皇にしておきながら、天皇の父親として政治を行う

答え

66 1167年、太政大臣となり大きな権力を握った平清盛は、瀬戸内海の安全をはかるために「厳島神社」を平家の守り神として大切にしました。この神社は次のうちどれでしょうか？

A

B

C

答え

鎌　倉

67 1192年、源頼朝は征夷大将軍に任命されました。源頼朝に従った武士たちを「御家人」と呼びますが、彼らは幕府のために戦う代わりに、頼朝から主に何をもらったでしょうか？

A. お金

B. 土地

答え

65 B

藤原道長や頼通が当時の天皇を利用して政治を行っていたことを知っていた白河天皇は、自分が天皇のままでいると自分もだれかに利用されてしまうのではないか、と考えたのかもしれません。何が何でも自分の血を引く息子に天皇の位を継がせたかったのではないか、という見方もあります。いずれにせよ白河は、自分が権力者になるとすぐに、息子を次の天皇にし、「上皇」という位につき、政治の実権をにぎり続けました。

66 A

平　清盛が平家の守り神としたのは、現在、世界文化遺産にも登録されているAの「厳島神社」です。Bは島根県にあるオオクニヌシノオオカミをまつった「出雲大社」、Cは現存する「世界最古の木造建築」として知られる「法隆寺」です。

67 B

鎌倉幕府の将軍は、いざというとき、幕府のために戦ってくれる御家人に対し、「御恩」として、新しい土地を与えたり、御家人がもっている土地の権利をあらためて認めたりしていました。御家人は、幕府からお金をもらうのではなく、将軍からもらった土地でそれぞれ農業をして生活していました。

68 1219年、鎌倉幕府の３代将軍、源実朝が殺されてしまうと、源頼朝の血を引く男子がいなくなってしまいました。このあと、鎌倉幕府はどうなったでしょうか？

A. 鎌倉幕府を倒すチャンスが来たと考えた後鳥羽上皇に攻められて滅んだ

B. 幕府で将軍の次にえらい「執権」であった北条氏が幕府を支え続けた

答え

69 1274年と1281年、2度にわたって鎌倉幕府を大きく弱体化させる事件が発生しました。その事件とは何でしょうか？

A. 大陸で勢力を急拡大し、中国に自分たちの王朝を立てるまでになったモンゴル人による攻撃を受けた

B. 鉄砲や羅針盤などを手に入れ、世界の海で勢力を拡大したポルトガル人やスペイン人による攻撃を受けた

答え

70 鎌倉時代、法然の「浄土宗」や、親鸞の「浄土真宗」といった、新しい仏教の宗派が生まれました。これらの新しい仏教は武士や農民の間で、とても人気があったのですが、それはなぜでしょうか？

A. お金がかかる豪華な儀式が、多くの人の興味を引いたから

B. 念仏を唱えるだけで救われる、という教えは実行しやすかったから

答え

71 1333年に鎌倉幕府を倒した後醍醐天皇は、そのあと「建武の新政」と呼ばれる政治を始めますが、この政治は数年で失敗に終わってしまいます。その理由としてふさわしいのは、次のうち、どちらだと思いますか？

A. 鎌倉幕府を倒すのに協力した武士たちを評価しない、公家（貴族）中心の政治だったから

B. 鎌倉幕府を倒すのに協力した武士たちばかりを優遇し、公家（貴族）が不満をもったから

答え

答え 68▶71

68 B

源氏のあとつぎがいなくなった鎌倉幕府を倒せると考えた後鳥羽上皇は、1221年に兵を率いて幕府を攻撃しました。これを「承久の乱」といいます。鎌倉幕府の御家人たちは、2代目の執権であった北条義時と、その姉、北条政子を中心にまとまり、後鳥羽上皇の軍を破りました。その後、鎌倉幕府は、将軍が別にいる状態で、実質的には執権が政治を行う組織になりました。

69 A

1200年代に入ると、モンゴル人はチンギス＝ハンという指導者の下、ユーラシア大陸中に勢力を拡大します。彼の孫であるフビライは中国に「元」という王朝を立て、日本にも従うよう要求し、それを拒否した日本に軍を送りました。ポルトガル人やスペイン人が日本に来たのは1500年代のことです。

70 B

平安時代の仏教は、主に、お金や手間がかかる儀式を行うだけの余裕がある貴族たちのものでした。しかし、鎌倉時代になると、法然や親鸞といった僧が、儀式を行う余裕のない武士や農民でも「念仏」を唱えているだけで救われるのだという教えを説いたことで、仏教が多くの人々に広まりました。

71 A

鎌倉幕府を滅ぼした後醍醐天皇は、自ら、公家（貴族）を優遇した政治を行いました。この政治に不満をもった足利尊氏が後醍醐天皇を裏切ったことから、後醍醐天皇は京都から奈良の吉野に逃げざるを得なくなり、この建武の新政はわずか数年で終わりました。

室　町

72 室町幕府の３代将軍であった足利義満は、将軍職をしりぞいたのち、当時の中国「明」との貿易を始めました。当時、日本と明の間の海を「倭寇」と呼ばれる海賊たちが荒らしていたため、貿易船は正式な貿易船であることの証明書として「勘合」と呼ばれる札をもっていました。これはどのようなものだったでしょうか？

A. 日本の権力者が出した、赤いハンコが押された証明書

B. 明の権力者が出した、文字が書かれた紙を２つに分けた証明書

答え

73 室町時代になると、農民たちは「寄合」を開き、村全体のきまりを作ったり、農業の仕方について相談したりするようになりました。その結果、農民たちは、それまであまりとらなかった行動をとるようになりました。それはどんな行動でしょうか？

A. 幕府の支配に不満をもつ農民たちが、力を合わせて暴動を起こすようになった

B. 幕府の支配に不満をもつ農民たちが、みんなで田や畑を捨てて逃げ出すようになった

答え

74 1467年に「応仁の乱」が発生し、京都が約11年にわたって戦場になると、多くの公家（貴族）や僧が戦乱を避けるため、京都を離れ地方に逃げていきました。その結果、どんなことが起きたでしょうか？

A. 都の文化が地方に広まり、日本各地に「小京都」と呼ばれる街ができた

B. 戦争を嫌う人が地方に広まり、戦乱のない平和な時代がやってきた

答え

戦　国

75 応仁の乱で室町幕府の力が弱くなり、戦国時代に入ると、日本の歴史の中では非常に珍しい「下剋上」という考え方が武士たちの間に広まります。これはどのような考えでしょうか？

A. どんなときも、目上の人には忠誠をつくすべきだ、という考え

B. 力のある人は、力のない目上の人を倒してしまって構わない、という考え

答え

答え 72▶75

72 B

この時期、「倭寇」と呼ばれる海賊が瀬戸内海から東シナ海にかけての沿岸地域を荒らしていて、明はこの倭寇の取り締まりを日本に求めていました。Aは「朱印状」といって、もう少し後の時代に、豊臣秀吉や徳川家康が東南アジアにいく貿易船に持たせた証明書です。

勘合

73 A

奈良時代や平安時代には、税を納めるのが苦しくなってくると、田を捨てて逃げ出す農民も多かったようですが、58で扱ったように、室町時代になると、農民たちが借金の帳消しなどを求めて暴動などを起こす「一揆」が発生するようになりました。

74 A

応仁の乱をきっかけとして、日本は戦国時代という戦乱の時代を迎えます。しかし、この時代は、「能」「茶の湯（茶道）」「生け花（華道）」といった、現代まで続くいろいろな文化が生まれ、発展し、広がっていった時代でもあります。

75 B

戦国時代になると、身分が下の者が、実力によって上の者を倒す「下剋上」という考え方が広まりました。下剋上をして「戦国大名」になったとしても、次は自分が下剋上される可能性があるため、しっかりと政治を行い、家来や領民の信頼を勝ち得ようとする戦国大名も多かったようです。

76 1543年にポルトガル人が種子島に来たとき、日本人は初めて「鉄砲」に出会いました。鉄砲によって、このあと日本の戦争はどのように変わっていったのでしょうか？

A. 鉄砲は高価であったため、貴重な鉄砲をもっている人同士の1対1の戦いが増えた

B. 鉄砲が大量に生産されるようになり、集団対集団の戦いが増えた

答え

77 天下統一を目指した織田信長は、自分が建てた「安土城」の城下町で商売がさかんに行われるようにするために、いろいろな工夫を行いました。その工夫のひとつとして正しいものは、次のうち、どちらでしょうか？

A. 通る際に通行料を取る「関所」を廃止し、商人たちが売り買いするものを運びやすくした

B. 信長がより多くのお金を手に入れるために、通る際に通行料を取る「関所」を増やした

答え

78 織田信長の死後、天下統一を目指した豊臣秀吉は1582年から全国の田んぼや畑を測量する「検地」を始めました。秀吉はなんのために検地を行ったのでしょうか？

A. 農民に、決められた量の米を年貢として納めさせるため

B. 農民に、決められた額のお金を税として納めさせるため

答え

江　戸

79 1603年、征夷大将軍となり江戸幕府を開いた徳川家康は、2年後、すぐに将軍をやめてしまいました。その理由としてふさわしいのは、次のうち、どちらでしょうか？

A. 徳川家康は征夷大将軍となって江戸幕府を開いたとき、すでに61歳で、一刻も早く政治から手を引きたかったから

B. 江戸幕府の将軍の位は、徳川家の人間がついていくことを示すため、早いうちに息子を将軍にしたかったから

答え

答え 76▶79

76 B

それまでの戦いでは、馬に乗った武士同士の1対1の戦い（「一騎打ち」）が多かったのですが、鉄砲が使われるようになると、馬に乗った武士は狙われやすくなります。そこで今度は、鉄砲をもった「足軽」と呼ばれる兵士たちの集団が戦場で活躍することが多くなっていきました。

77 A

織田信長は、自分の領地の中の関所を廃止することで、安土城の城下町を、商人たちが通行料を取られずに商品を運び込める「商売のしやすいところ」にしました。商売がさかんになれば、商人たちからより多くの税を集められるので、信長にとっても得な工夫でした。

78 A

豊臣秀吉の時代も、そのあとに続く江戸時代も、農民たちは「年貢米」と呼ばれる米を税として納めていました。税が米からお金にかわったのは、江戸幕府が滅んだ後、明治時代になってからのことです。

79 B

徳川家康は、征夷大将軍になった2年後、1605年には将軍の座を息子の秀忠にゆずりましたが、1616年に75歳で亡くなるまで、「大御所」として政治の実権を握り続けました。

80 江戸幕府は、キリスト教を信じることを禁止し、すべての人に、どこかの「寺（仏教）」の信者になることを強制しました。なぜ、江戸幕府はそこまでキリスト教を嫌ったのでしょうか？

A. キリスト教徒は、目上の人に礼を尽くすことを大切にするから

B. キリスト教徒は、幕府よりも神に従うことを大切にするから

答え

81 江戸幕府の5代将軍、徳川綱吉は「生類憐みの令」を出したことで有名です。捨てられた人間の赤ちゃんを育てることや、動物にあわれみをほどこすことを求めた法律ですが、この法律の中で特に大切にするよう求められた動物は次のうち、どちらでしょうか？

A. 犬

B. 猫

答え

82 江戸幕府の財政難を解決しようと、江戸幕府の8代将軍、徳川吉宗は「享保の改革」を始めました。改革のひとつとして、彼は年貢の割合をそれまでの「四公六民」から「五公五民」に変えました。百姓から見ると、年貢は増えたのでしょうか、減ったのでしょうか？

A. 増えた

B. 減った

答え

83 「火事とケンカは江戸の華」という言葉があるくらい、江戸は火事が多い都市でした。当時の消防士を「町火消」と呼びますが、彼らは主にどうやって消火活動を行っていたのでしょうか？

A. 利根川や荒川の水をポンプで吸い上げて消していた

B. 周りの家をこわして、火が広がるのをくい止めていた

答え

答え 80 ▶ 83

80 B

Aは、江戸幕府が好んでいた「儒教（儒学）」という宗教の考え方です。江戸幕府は、役人の前でキリストなどの像を踏ませることを強制するなどして、キリスト教を徹底的に禁止しました。最終的には、キリスト教を広める可能性のある国との付き合いを絶つ「鎖国」を始めました。

81 A

生類憐みの令は、人間も含め、多くの生き物にやさしくすることを求めたものでしたが、特に犬については多くの規則が作られています。今の四谷と中野の近くに作られた犬を保護する施設では、数万匹もの犬が保護されていて、えさ代もかなりの額に及んだようです。

82 A

「公」というのは国、この場合は幕府のことで、「民」というのは百姓のことです。したがって「四公六民」とは、収穫した米の10分の4を幕府に年貢として納める、ということでした。つまり「四公六民」が「五公五民」になるということは、百姓にとっては年貢が増えるということを意味していました。

83 B

江戸は火事の多い都市で、特に1657年の明暦の大火では、江戸の町の大半が燃え、10万人を超える人が亡くなったといわれています。江戸時代、ポンプのような道具はありましたが、川の水を町なかまで引いてくるようなパワーはなく、燃えている家よりも風下にある家を取りこわし、燃えるものがなくなって火が消えるのを待つ、というのが主な消火活動の内容でした。

84 徳川吉宗の享保の改革が終わったあと、老中となった田沼意次は、同じ商売をしている商人たちの集団「株仲間」を積極的に認めていく政治を行いました。幕府が「株仲間」を認めると、世の中はどうなっていくでしょうか？

A. 新しく商売を始めたい人が、始めやすくなる

B. 新しく商売を始めたい人が、始めにくくなる

答え

85 1853年、神奈川県の浦賀にアメリカの東インド艦隊司令長官、ペリーが4隻の「黒船」とともにやって来て、日本に鎖国をやめて開国するよう求めます。この4隻のうち2隻は、それまで日本にあった船と非常に異なるところがあったのですが、それはどんなところだったでしょうか？

A. 蒸気の力で前に進む

B. 木ではなく鉄でできている

答え

86 江戸時代の末期、鎖国が終わり、イギリスやロシアなどとの間で貿易が再開されると、生糸や茶を中心に輸出が進みました。その結果、江戸の人々のくらしはどうなったでしょうか？

A. 日本の物がたくさん売れたことで景気が良くなり、生活が楽になった

B. 国内で品不足が発生し、物の値段が上がり、生活が苦しくなった

答え

明　治

87 江戸幕府が倒れると、新しく日本を治めることになった明治政府は、1872年に「学制」を発し、子どもを学校に行かせるよう命じました。このとき多くの農民はこれに反対したのですが、それはなぜでしょうか？

A. 農家では子どもは大切な働き手だったから

B. 勉強するよりも外で遊ぶ方が大事だと考える人が多かったから

答え

答え 84 ▶ 87

84 B

株仲間(かぶなかま)が力をもっている場合、新たに、ある商売を始めようとすると、まずその株仲間に入れてもらう必要があります。したがって「株仲間を認める」ことは、すでにその商売をしている人にとって有利な政策でした。田沼意次(たぬまおきつぐ)はこの政策によって、商人たちを味方につけようとしました。

85 A

1700年代前半にイギリスで発明された「蒸気機関」は、1800年代前半にアメリカに伝わりました。石炭を燃やしたときに出る黒い煙(けむり)を吐(は)き出しながら、風の力にも人の力にも頼らずに進む船を、当時の日本人はどのような目で見たのでしょうか。

86 B

輸出が進むと、一見、豊かになるように思えますが、その利益は庶民(しょみん)のところまではまわってきませんでした。それだけでなく、商人たちは多くの品物を外国に売るために横浜に集めたので、江戸(えど)の町では品不足が発生し、物の値段が上がり、江戸の人々の生活は苦しくなりました。

87 A

学制(がくせい)が発布された当初は、学校に通わせてもらった子どもは全体の約３割でした。それだけ農民の反対が強かったことが分かります。しかし、学校へ通う子どもの数は次第に増え続け、30年後、1902年ごろには全体の９割を超える子どもが学校へ通っていたようです。

88 明治政府は1873年に「徴兵令」という法令を発し、満20歳以上の男子を兵隊として訓練し、強い軍隊を作ることにしました。それまで「戦うこと」は自分たちの仕事だと考えていた多くの武士たちは、この徴兵令をどのように受け止めたでしょうか？

A. 自分たちはもう戦わずに済むと感じ、安心した

B. 武士としての誇りを傷つけられ、悔しく感じた

答え

89 1889年、日本は「大日本帝国憲法」を作り、「憲法」をもつ国となりました。さて、この憲法を作るときに、日本はヨーロッパのどの国の憲法を参考にしたでしょうか？

A.「議会」の力が強い、イギリスの憲法

B.「君主」の力が強い、プロイセン（今のドイツ）の憲法

答え

90 1890年、日本で初めての「選挙」が行われました。このときの選挙で投票することができたのは「直接国税15円以上を納める満25歳以上の男子」だったのですが、これからどのようなことが分かるでしょうか？

A. よりお金持ちに有利な政治が行われようとしていた

B. より貧しい人に有利な政治が行われようとしていた

答え

91 1894年、日本は当時の中国、清と戦争をします。この「日清戦争」の講和（＝なかなおり）条約は、日本の下関で結ばれたため、「下関条約」と呼ばれています。さて、日本はこの戦争に勝ったのでしょうか、負けたのでしょうか？

A. 日本は負け、勝った清の代表、李鴻章が日本にやって来た

B. 日本は勝ち、負けた清の代表、李鴻章を日本に呼びつけた

答え

88 B

1876年には「廃刀令」という法律が出され、それまで武士たちに認められていた、「刀を腰にさして歩く」という特権もなくなりました。こうした武士という存在を否定する政策に反発した人たちは、いくつかの反乱を起こしましたが、徴兵令によって集められた政府軍によって鎮圧されることになりました。

89 B

明治政府は、日本を天皇の力が強い国にしようとしていました。したがって、国民によって選ばれた人々の集団である議会が天皇の力を抑えられるような憲法は都合が悪く、君主の力が強かったプロイセンの憲法を参考にして「大日本帝国憲法」を作りました。

90 A

基本的に、税金をたくさん納めている人というのは、それだけたくさんお金をかせいでいる人です。15円というのが今のいくらになるのか正確なところは分かっていませんが、この条件を満たす人は当時の日本の人口の1.1%しかいなかったので、相当お金をもっている人でないと選挙で投票することはできなかったことが分かります。

91 B

講和条約は、一般的に、戦争に勝った国で結ばれます。下関条約は、日本代表である伊藤博文、陸奥宗光と、清国代表である李鴻章の間で結ばれました。このとき、日本は「台湾」など、初めての植民地を手に入れました。

92 1904年、日本はロシアと戦争を始めます。この「日露戦争」の講和条約はアメリカのポーツマスという都市で結ばれたので「ポーツマス条約」と呼ばれています。さて、日本はこの戦争に勝ったのでしょうか、負けたのでしょうか。それとも……？　**91** をヒントに考えてみましょう。

答え

大　正

93 日本が大正時代をむかえているころ、ロシアで革命が起き「ソビエト社会主義共和国連邦」という国が生まれました。工場や田畑をすべて国のものとし、人々は国から「平等」に給料をもらうという、世界で初めての「社会主義」の国でした。さて、この社会主義はどのような人に人気があったでしょうか？

A. 土地や工場をたくさん持っている「資本家」と呼ばれる人たち

B. 資本家の土地や工場で、厳しい条件で働かされている「労働者」たち

答え

94 2000万人以上が死んだ第一次世界大戦のような悲しい出来事を二度と起こさないようにするため、1920年、世界の国々の話し合いの場として「国際連盟」が作られました。しかし「国際連盟」は第二次世界大戦が起きるのを止めることはできませんでした。その理由としてふさわしいのは、次のどちらでしょうか？

A. アメリカやソ連といった大きな国の意見がぶつかり、話し合いがまとまりにくかったから

B. アメリカなどの大きな国が、そもそも国際連盟に参加しなかったから

答え

答え ㉜▶㉞

92 「勝ち」（あるいは「引き分け」）

日露戦争は形式的には日本の勝利という形で終わりました。したがって「勝ち」が正解です。しかし、講和条約が日本で行われたわけではないことから、実際には「引き分け」に近い形だったことが分かります。そのため、日本は、戦争に負けた国が勝った国に支払う「賠償金」を得られませんでした。

93 B

土地や工場といった、モノを作ってお金をかせぐための手段を「資本」といいます。この資本をすべて国のものとしようというのが「社会主義」という考え方です。当時、資本家により、長時間、安い賃金で働かされていた多くの労働者たちは、この「社会主義」の考え方に希望を見出しました。

94 B

国際連盟を作ることを提案したのはアメリカ大統領ウィルソンでしたが、なんとそのアメリカの議会が、国際連盟への参加を拒否しました。ソ連やドイツといった大きな国も、結成時には参加していなかったため、国際連盟の影響力は限られたものでした。

昭　和

95 1945年、日本がアメリカや中国との戦争に負けると、日本はGHQ（連合国軍最高司令官総司令部）に占領されました。GHQの司令長官であったマッカーサーは、当時、日本をどのような国にしようと考えていたでしょうか？

A. いざというときはアメリカと一緒に戦う「強い」国

B. 自国を守るための軍隊すら持たない「平和」な国

答え

96 1946年、それまでの「大日本帝国憲法」が改正され、新たに「日本国憲法」が生まれました。この新しい憲法では、国の政治について最終的に決定するのはだれであると定められていますか？

A. 天皇

B. 国民

答え

97 日本が戦争に負けてから10年ほどたった1950年代後半、多くの日本人が「三種の神器」と呼ばれる電気製品にあこがれました。その「三種の神器」ですが、「電気洗濯機」「電気冷蔵庫」、そしてあとひとつはなんだったか分かりますか？

A. スマートフォン

B. 白黒テレビ

C. 自動車

答え

98 1964年10月10日、アジアで初めてのオリンピックとなる「東京オリンピック」が開催され、多くの外国人が日本に集まりました。さて、その直前の1964年10月1日、日本で、それまでになかった新しい交通機関が誕生しているのですが、それはなんでしょうか？

A. 新橋と横浜を結ぶ蒸気機関車

B. 浅草と上野を結ぶ地下鉄

C. 東京と新大阪を結ぶ東海道新幹線

答え

答え 95 ▶ 98

95 B

マッカーサーは、日本軍を解散させた上で、新しい憲法（「日本国憲法」）の中で、「戦力は持たない」と宣言するよう日本に求めました。しかし、この GHQ の方針は、たった数年後の1950年に大きく変わることになります。

96 B

国の政治について最終的に決定する力を「主権」と呼びますが、日本国憲法は、この「主権」が「国民」にあると定めています。ちなみに「大日本帝国憲法」では主権は天皇にありました。

97 B

戦後、日本が高度経済成長期をむかえ、多くの日本人の人気を集めた３つの家電製品を「三種の神器」と呼びます。さらに10年たって、「新三種の神器（３C）」と呼ばれるものが広まっていきました。さて、この３C、「カラーテレビ」「自動車」、そしてもうひとつはなんだと思いますか？

98 C

A について、日本で初めて鉄道が開通したのは、1872年（明治５年）のことでした。当時は、まだ電気は広まっていなかったので、走っていたのは「電車」ではなく「蒸気機関車」でした。ちなみに、日本で初めて地下鉄が開通したのは1927年（昭和２年）のことです。

99 1972年、ある国と日本が、お互いを正式に国として認め合ったことを記念して、上野動物園に「ランラン」と「カンカン」という名前の動物がやって来ました。当時、その動物を見るためには３時間以上並ばなければいけなかったようですが、さて、この動物はなんでしょうか？

A. 中国からやって来たパンダ
B. タイからやって来たゾウ
C. ドイツからやって来たキリン

答え

100 戦後、焼け野原となった日本は、必死の思いで復興をとげ、1968年には資本主義国の中で第２位の経済大国となりました。1950年代から続いていた日本の「高度経済成長期」は、1973年の「石油危機」をきっかけに終わることになりましたが、さて、この石油危機の原因は次のうち、どちらでしょうか。

A. 中東の国々で石油が採れなくなってしまったこと
B. 中東の国々が石油の値段を上げたこと

答え

答え 99 ▶ 100

99 A

1972年、田中角栄が内閣総理大臣を務めていたとき、日本は中華人民共和国とともに「日中共同声明」を発表し、国交を正常化しました。その記念として、中国から上野動物園にやって来たのが2頭のパンダでした。

100 B

1973年、イスラエルという国と戦争をしていた中東の国々が、敵であるイスラエルを応援していたアメリカやイギリスなどの国にダメージを与えるために、石油の価格を大きく上げました。その結果、石油を輸入に頼っていた日本も含めた世界中の経済が混乱しました。これを「(第一次)石油危機」と呼んでいます。

パート2

思考問題編

思考問題編60題

まずは「何が問われているのか」をきちんと確認しましょう。

そのあと、それぞれのヒントが、「問われていること」に、どのように関わっているのかを考えてみましょう。

レベル３（▲▲▲）の問題の中には本当に難しい問題もあるので、ちょっと大変だなと感じたら、易しい問題だけ選んで進めていってください。

もしレベル３までガンガン解けたら、「考える力」は最難関レベルの中学入試の問題に対応できるレベルにあると考えてOKです。

問題1 地 図(1)

次の地図記号と、その記号が指している建物や施設を、選択肢の中から選んでみましょう。

(1)

答え

(2)
答え

(3)

答え

(4)

答え

(5)
答え

(6)

答え

神社
自然災害伝承碑
寺院（お寺）
郵便局
市役所
工場
風車
病院
老人ホーム
図書館
警察署

ヒント

それぞれの記号が表しているものを考えてみると、答えが出るかもしれませんよ。

答え ▶ 問題1

(1) 答え **図書館**

(2) 答え **神社**

(3) 答え **風車**（ふうしゃ）

(4) 答え **郵便局**

(5) 答え **老人ホーム**

(6) 答え **自然災害伝承碑**（さいがいでんしょうひ）

(1) は、図書館にたくさん置いてある本を表しています。
(2) は、神社の入り口にある「鳥居（とりい）」そのものです。
(3) の風車は、主に風力発電に用いられる風車です。
(4) は、ポストにもついているマークですね。かつて、郵便を担当していた「逓信省（ていしんしょう）」の「テ」の字がもとになっています。
(5) は、真ん中の杖（つえ）がヒントになりますね。
(6) は、過去に起きた自然災害の情報を伝える石碑（せきひ）やモニュメントを表す記号で、2019年に新たに追加されました。

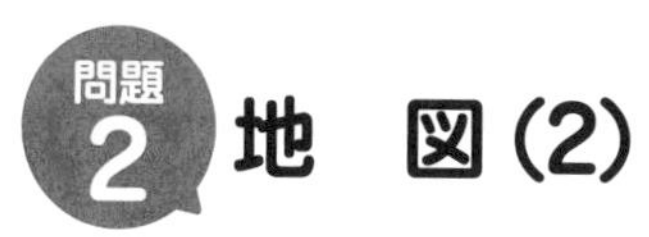

問題2 地　図(2)

次のA～Cの地図は、それぞれ「津波」「雪崩」「土石流」に関わる「自然災害伝承碑」がある場所を示したものです。このうち、「土石流」に関わるものはどれか、考えてみましょう。

答え

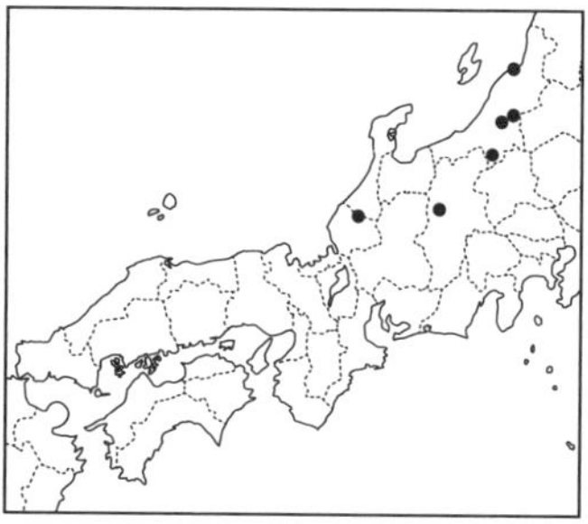

A

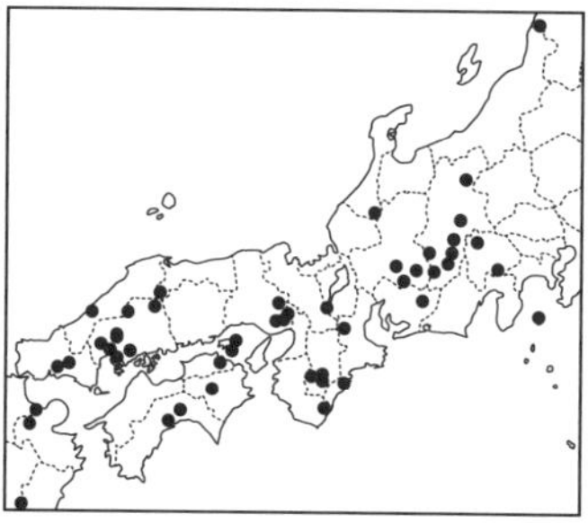

B

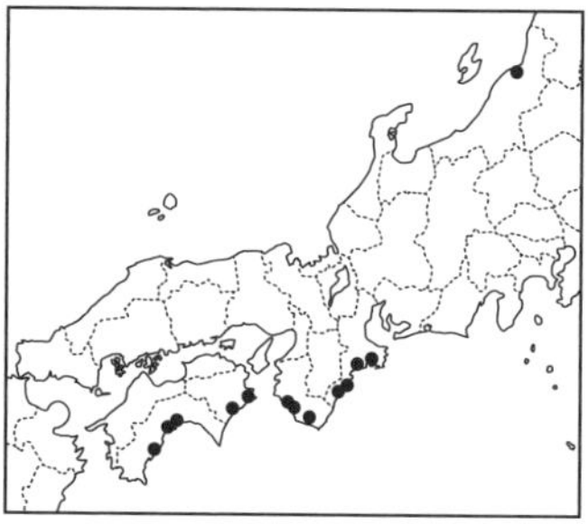

C

答え　**B**

津波が発生しやすいのは、海の近く、特に太平洋岸ですので、C が津波となります。雪崩が発生しやすいのは、雪が積もりやすい山地です。特に冬に雪が多く降る新潟県などに点が集中している A が雪崩の地図です。ということで、残った B が正解です。土石流は、山から流れてくる傾きの急な谷川で多く発生します。

日本の国土（1）

次の地図は、どの都道府県の地図でしょうか？ 縮尺（しゅくしゃく）（大きさの比）はそれぞれ異なります。また、上が北であるとも限りません。答えが出なければ、下の日本地図をヒントにしてください。

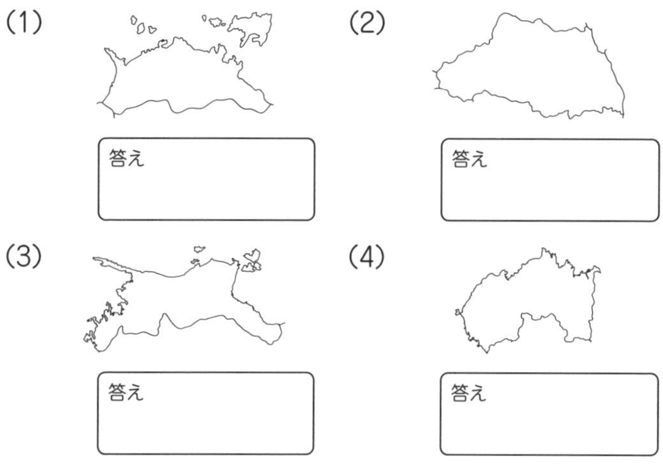

ヒント

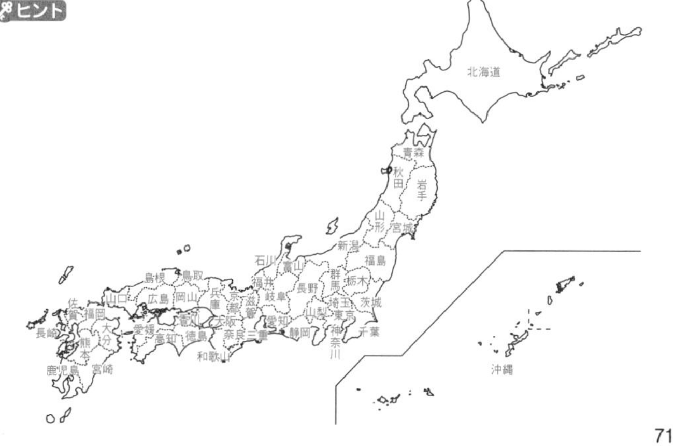

答え ▶ 問題3

(1)
答え　**香川県**

(2)
答え　**埼玉県**

(3)
答え　**愛媛県**

(4)
答え　**和歌山県**

都道府県の形を問う問題は、「縮尺（しゅくしゃく）」や「向き」が変わることで難易度（なんいど）が上がっていきます。47都道府県の名前、形、位置、そして都道府県庁所在地名を覚えておくことは、日本の地理を学習する前にすませておきたい「準備運動」です。

日本の国土（2）

聖光学院中学の入試問題（改題）

次の図1の（ア）～（エ）の断面図は、図2の①～④のいずれかにあてはまります。それぞれどこの断面図なのか考えてみましょう。難しいなと感じたら、下のヒントを活用してください。

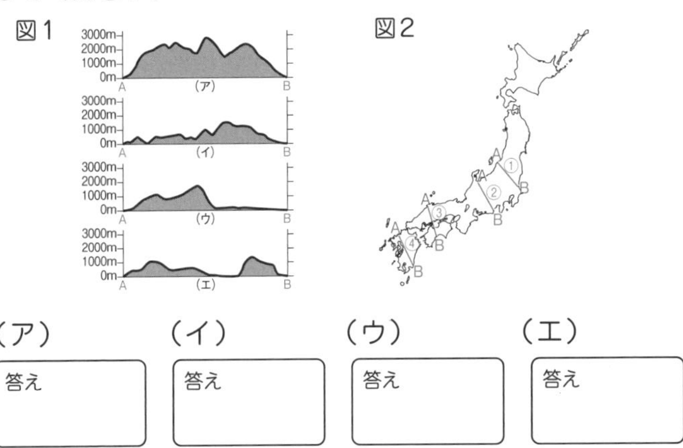

（ア）

答え

（イ）

答え

（ウ）

答え

（エ）

答え

ヒント1　日本の主な山地、山脈（右地図）

ヒント2

2000～3000m級の山々が連なる飛騨山脈、木曽山脈、赤石山脈の3つの山脈は「日本アルプス」もしくは「日本の屋根」と呼ばれています。

ヒント3

筑紫山地と中国山地は「低くてなだらか」、九州山地と四国山地は「高くて険しい」のが特徴です。

答え ▶ 問題4

（ア）
答え　②

（イ）
答え　④

（ウ）
答え　①

（エ）
答え　③

日本の地理を学ぶにあたって、「山地・山脈」や「川」「平野」などの名前を覚えていく必要があります。その際、いかに日本列島の「デコボコ」を意識できるかがポイントです。凹凸がついた地図や３Ｄの地図を見て、たとえば「天竜川は木曽山脈と赤石山脈の間を流れている」といった「当たり前」のことに気付くことが大切です。

問題5 日本の国土（3）

群馬県の高崎駅から長野駅、富山駅を通って、石川県の金沢駅まで行く新幹線が「北陸新幹線」です。

（2022年12月時点）

下の地図を見ると、長野駅から富山駅に行く際、点線のようにまっすぐ進むのではなく、新潟県の方にかなり遠回りしているように見えます。なぜ、直進するルートを通らないのか、分かりますか？

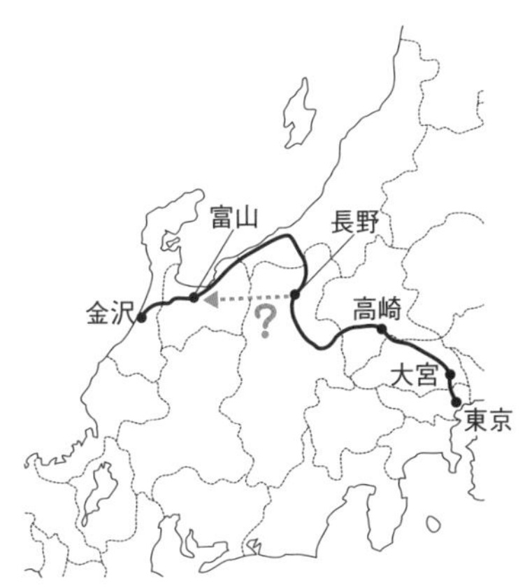

答え

ヒント

ひとつ前の問題 4 の中にヒントがあります！

答え　**飛騨山脈をさけるため。**

長野県と富山県の県境には、飛騨山脈が日本海ぎりぎりまでそびえたっています。この飛騨山脈にトンネルを掘って直進するのはあまりにも大変なので、新潟県側に迂回する（＝回り込む）ルートがとられました。

問題6 世界の気候（1）

下のイラストは、オーストラリアにやってくるサンタクロースのイラストです。日本で暮らす人がイメージするサンタクロースとだいぶ違うような気がしますが、どうしてこのようなかっこうをしているのでしょうか？

答え

12月、オーストラリアは ［　　　　］ だから。

ヒント

下の図のように、オーストラリアは「南半球」にある国です。

テーマ 1 地理 レベル

答え　12月、オーストラリアは 夏 だから。

北半球と南半球は夏と冬が逆になります。日本に太陽の光があたりにくい「冬」の時期、オーストラリアは太陽の光があたりやすい「夏」をむかえます。したがって、海水浴をしながらクリスマスを祝うことが可能です。

世界の気候 (2)

右のグラフを「雨温図」といいます。折れ線グラフが月ごとの平均気温、棒グラフが月ごとの平均降水量（雨や雪の量）を表しています。右の雨温図は「東京」の雨温図です。折れ線グラフを見ると「冬より夏の方が気温が高い」ことが分かりますし、棒グラフを見ると「冬より夏の方が降水量が多い」ことが分かります。

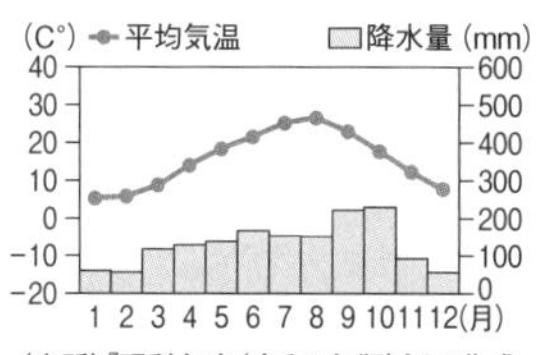

(出所)『理科年表(令和5年版)』より作成。

次の３つの雨温図は、下の地図にある３つの国の雨温図です。それぞれの雨温図の特徴を考えながら、どこの国の雨温図か考えてみましょう。

(1)

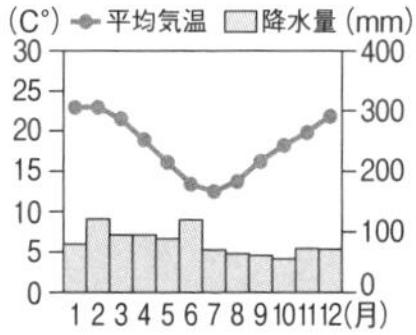

(C°) 平均気温 降水量 (mm)

(2)

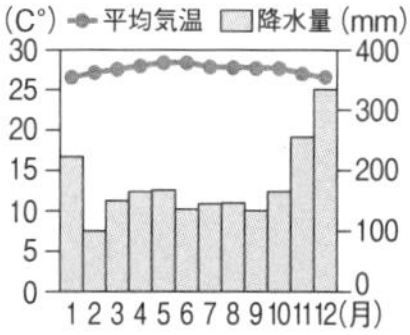

(C°) 平均気温 降水量 (mm)

(3)

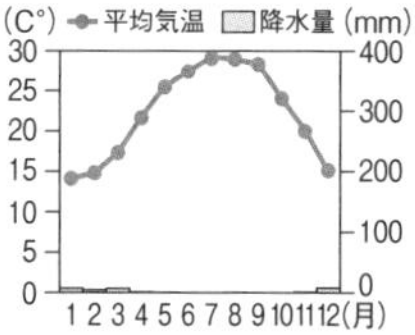

(C°) 平均気温 降水量 (mm)

(出所)『理科年表(令和5年版)』より作成。

答え	答え	答え

エジプト（カイロ）

シンガポール

オーストラリア（シドニー）

答え ▸ 問題7

(1)
答え　**オーストラリア**

(2)
答え　**シンガポール**

(3)
答え　**エジプト**

(1) は 6 で扱(あつか)ったように、1月の気温が高く7月の気温が低い南半球(みなみはんきゅう)の国の雨温図(うおんず)です。
(2) は1年中気温が高いので、赤道(せきどう)付近の国の雨温図だと考えることができます。コートやマフラーは必要なさそうです。
(3) はほとんど雨が降らない砂漠(さばく)の雨温図です。水を手に入れるのが大変そうですから、日本でさかんな「米作り」をエジプトで行うのは難しそうですね。
人々の生活や農業・工業といった産業は、その土地の「気候」に大きく左右されます。この2つはできるだけ結び付けて覚えていきましょう。

エジプト

シンガポール

問題8 日本の気候（1）

下のグラフは、信濃川（しなのがわ）を流れる月別の水の量を示しています。よく見ると4月の水の量が一番多いことが分かります。しかし、信濃川の近くの新潟市の雨温図（うおんず）を見ると、特に4月の雨の量が多いわけではなさそうです。あまり雨が降らない4月に、信濃川の水の量が増えるのはなぜだと思いますか？

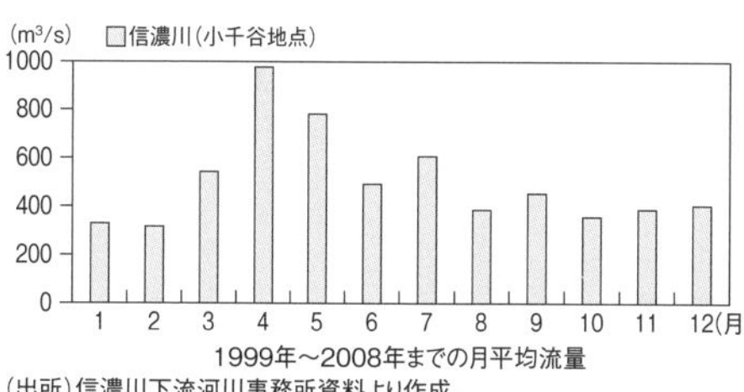

1999年～2008年までの月平均流量
（出所）信濃川下流河川事務所資料より作成。

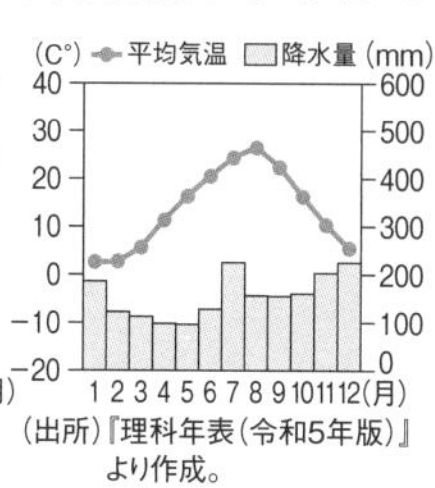

（出所）『理科年表（令和5年版）』より作成。

ヒント1

右の地図のように、信濃川は長野県では千曲川（ちくまがわ）と呼ばれていて、犀川（さいがわ）と合流した後、新潟県に入り、最終的に日本海に注ぎます。

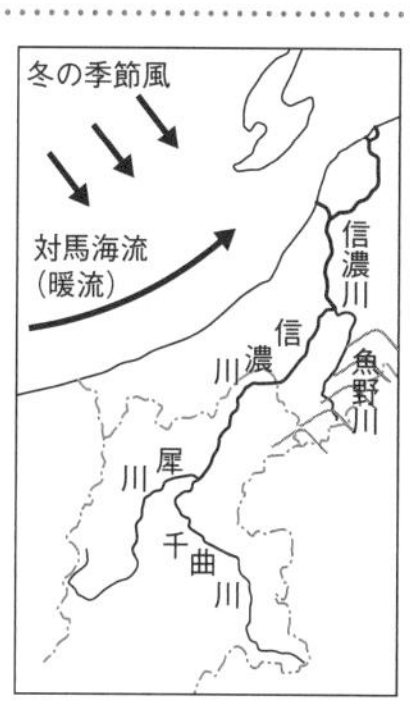

ヒント2

日本列島には冬の間、北西（ほくせい）から季節風（きせつふう）と呼ばれる風が吹（ふ）いてきます。この季節風は暖流（だんりゅう）である対馬（つしま）海流の上の水蒸気を運んできます。その水蒸気が越後（えちご）山脈にぶつかると、そこで冷やされてあるものに変化します。

ヒント3

上の雨温図を見ると、新潟市は、1月と12月の降水量が多いことが分かります。降水量は決して「雨」の量とは限りません。

答え

答え ▶ 問題8

答え

冬の間に積もった雪が春になると解けて信濃川に流れ込むから。

「冬の北西の季節風」「暖流である対馬海流」、そして「越後山脈」の３つの要素が関わり合って「冬に雪が多い」という北陸地方の気候が生まれます。川の水量のグラフは、一般的にはその川の流域の降水量のグラフと似ていますが、雪の多い地域の川の流量は、雪解けを迎える春の時期に増えることに注意が必要です。

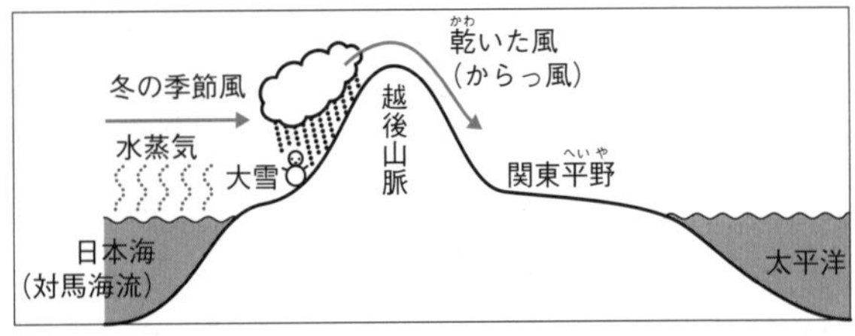

問題9 日本の気候（2）

中国地方と四国地方に挟まれた瀬戸内海の沿岸では、船の生産がさかんです。これには大きな理由があるのですが、なぜか分かりますか？　答えの文の空欄に入る言葉を考えてみましょう。

答え

大型の船は［　　　］で作られることが多く、

夏も冬も［　　　　　］瀬戸内海で作りやすいから。

ヒント1

日本列島には冬、北西の方角から季節風が吹いてきます。この季節風は中国山地の日本海側に雨や雪を降らせた後、乾いた状態で瀬戸内海に吹いてきます。

ヒント2

日本列島には夏、南東の方角から季節風が吹いてきます。この季節風は四国山地の太平洋側に雨を降らせた後、乾いた状態で瀬戸内海に吹いてきます。

ヒント3

船を生産している様子　→

答え ▸ 問題9

答え

大型の船は **外** で作られることが多く、夏も冬も **乾燥している（晴れた日が多い）** 瀬戸内海で作りやすいから。

❽ でも扱いましたが、日本の周囲の海流と季節風が、山地や山脈と影響し合うことによって、各地方の特徴的な気候を生み出します。そしてその気候は、各地の産業に大きな影響を及ぼします。
瀬戸内海には、夏も冬も乾燥した風が吹き込むため、年間を通して雨の日が少ないという特徴があります。そのため、屋外での作業が多い大型の船の生産に適しているのです。

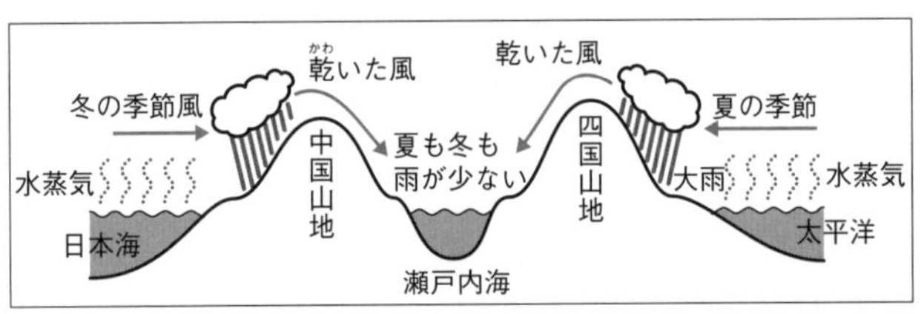

問題10 近郊農業

東京都に近い千葉県や茨城県では農業がとてもさかんです。それにはきちんとした理由があるのですが、それはどんな理由でしょうか？　次の文の空欄(くうらん)を埋(う)めてみましょう。

答え

大都市の近くでは、［　　　　］にかかる費用(ひよう)（お金）を安く抑(おさ)えながら、野菜を［　　　　］な状態のまま、多くの人がいるところまで届けることができるから。

ヒント1

東京都のような大都市の近くで行う農業を「近郊農業(きんこうのうぎょう)」といいますが、この近郊農業で作られるのは主に野菜です。茨城県ではピーマンやはくさい、レタス、千葉県ではネギ、ほうれんそう、だいこんといった野菜の生産が特にさかんです。野菜は、比較的(ひかくてき)、賞味期限(しょうみきげん)が短い食材です。

ヒント2

農産物をトラックなどの乗り物で運ぶには、お金がかかります。運ぶ距離(きょり)が短ければ短いほど、この費用は小さくなります。

答え ▶ 問題10

答え

大都市の近くでは、<u>**輸送**</u>にかかる費用（お金）を安く抑えながら、野菜を<u>**新鮮**</u>な状態のまま、多くの人がいるところまで届けることができるから。

近郊農業の例としては、大阪や神戸などの大都市に近い淡路島で行われているタマネギの栽培も有名です。トラックや飛行機などの乗り物を使って、ものを遠くまで運ぼうとすると、費用がかかるだけでなく、地球温暖化の原因となる二酸化炭素も大量に排出します。そのため、「地元でとれた農産物はできるだけ地元で消費しよう」という「地産地消」の考え方が広がってきています。

問題11 促成栽培

ピーマンの生産に関して説明した下の文章を、グラフを手がかりにして完成させましょう。棒グラフは関東地方に入荷するピーマンの入荷量と生産地を表したもので、折れ線グラフはその月の1kgあたりの価格を表したものです。

2021年　ピーマンの月別入荷実績（東京都中央卸売市場計）

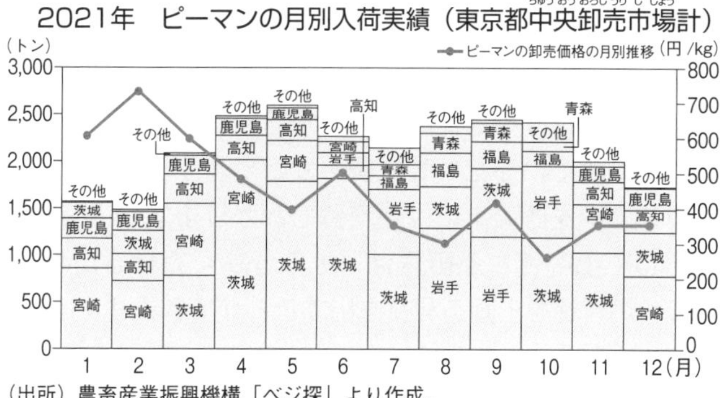

（出所）農畜産業振興機構「ベジ探」より作成。

一般的にピーマンの旬は**（1：夏／冬）**で、この時期はたくさん収穫されるため価格は**（2：上がり／下がり）**ます。この時期のピーマンは、大都市の近くで、輸送費用を安く抑えながら行われる近郊農業がさかんな**（3：茨城県／宮崎県）**から出荷されています。

逆に**（4：夏／冬）**は、促成栽培がさかんな**（5：茨城県／宮崎県）**からの入荷量が多くなっています。温暖な気候とビニールハウスなどの施設を利用して、普段は**（1：夏／冬）**にできるピーマンを**（4：夏／冬）**に出荷することで、より高い価格で売るのが、促成栽培を行うメリットです。

答え ▶ 問題11

(1) 答え　夏

(2) 答え　下がり

(3) 答え　茨城県

(4) 答え　冬

(5) 答え　宮崎県

宮崎平野や高知平野では、冬も温かい気候とビニールハウスなどの施設を利用し、一般的に夏にできるナスやピーマンといった野菜の成長スピードを速めて、冬から春にかけて出荷する「促成栽培」が行われています。大都市から離れているため輸送費もかかりますし、ビニールハウスの中を暖めるには燃料費もかかりますが、時期をずらして出荷される野菜は、その分高く売れるため、輸送費や燃料費を上回る利益を出すことができます。

問題12 抑制栽培

女子学院中学の入試問題（改題）

下のグラフは、東京市場に菊の花が、それぞれいつ、どの地域から入荷されているかを示しています。ア〜ウは、「愛知県」「沖縄県」「その他の都道府県すべて」のいずれかを表しています。それぞれ、どれがどこに対応しているのか、考えてみましょう。

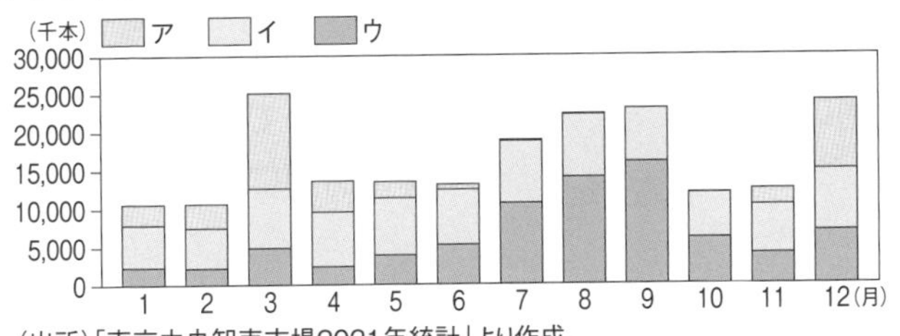

（出所）「東京中央卸売市場2021年統計」より作成。

答え

ア：＿＿＿＿＿、イ：＿＿＿＿＿、ウ：＿＿＿＿＿

ヒント1

9月9日の「重陽の節句」を「菊の節句」ともいうように、菊は一般的に8月から10月にかけて咲く秋の花です。

ヒント2

愛知県の渥美半島では「電照菊」の栽培がさかんです。菊の花は、秋になり、太陽の光を浴びる時間が短くなってくると花を咲かせます。そこで、秋になっても電球で光を当て続けることで、花が咲く時期を遅らせることができます。咲く時期をコントロールすることにより、愛知県は1年を通して菊を出荷することができています。

ヒント3

もともと日照時間が長い沖縄県で育つ菊は、全国からの菊の出荷が落ち着いた冬から春にかけて咲きます。

答え ▶ 問題12

（ア）
答え　**沖縄県**

（イ）
答え　**愛知県**

（ウ）
答え　**その他の都道府県すべて**

菊の花はお墓参りをするときに使われることが多い花で、お墓参りをする人が多い「お彼岸（3月、9月）」や「お盆（8月）」、「年末（12月）」に多く出荷されます。菊は一般的に秋に咲く花ですが、3月に咲いてくれる沖縄県の菊があるおかげで、春のお彼岸の時期にも菊の花を供えることができます。

問題13

米作

日本人の主食といえば「米」です。1993年、その米が手に入りにくくなるという事件が起こりました。お店に行っても米が売られていないのです。どうして日本でそんなことが起こったのか、ヒントを追って考えてみましょう。

答え

1993年の夏は、

[　　　　　　　　　　　　　　　　　　]ため、

[　　　　　　　　　　　　　　　　　　]から。

ヒント1

イネが元気に育つ条件は「夏に高温多雨（こうおんたう）」です。夏、しっかりと暑くなり、かつ雨がたくさん降れば、イネは元気に育ちます。

ヒント2

今はほとんど見かけなくなりましたが、1993年まで、「コシヒカリ」についで日本で二番目に多く作られていたのが「ササニシキ」という米でした。ササニシキには「寒さに弱い」という大きな弱点がありました。

ヒント3

1993年は梅雨（ばいう）前線が長い間日本列島の上にとどまり、沖縄県以外、梅雨明けの宣言がなされませんでした。さらに、初夏、寒流（かんりゅう）である千島海流（ちしまかいりゅう）の上を北東から吹いてくる冷たい「やませ」と呼ばれる風が例年以上に吹き荒れました。

答え ▶ 問題13

答え

1993年の夏は、**梅雨前線や、やませの影響で夏の気温が上がらなかった**ため、**寒さに弱いササニシキなどを中心にイネが育たなかった**から。

1993年の大冷害の際、世界有数の米の生産国であるタイが、日本にたくさん米を輸出してくれました。しかし、日本人が普段食べている「ジャポニカ米」と、タイでとれる「インディカ米」は、おいしく食べるための調理の仕方が異なっており、それを多くの日本人が知らなかったために、多くのタイ米が無駄になってしまうという残念な出来事もありました。

問題14 漁業

次の３つの漁業に対応するものを、下のグラフのA～Cの中からひとつずつ選びましょう。文章の中にある「年」をヒントにしてください。

遠洋漁業：大型船で遠くの海へ出かけ数十日から数か月行う漁業です。1973年の「石油危機」で燃料の価格が上がったことや、同じころ、世界の国々が領土から200海里（約370㎞）以内の海での外国船による漁業を禁止し始めたことから大きく生産量を減らしました。

沖合漁業：10t以上の船で、自分の国の200海里以内の沖で行う漁業です。1970年くらいからイワシの巻き網漁法がさかんになったこともあって生産量が大きく増えましたが、1980年代後半から、そのイワシの数が減りはじめ、一気に生産量が減少しました。

沿岸漁業：日帰りできる範囲の近海で行う漁業です。上の２つの漁法に比べると生産量は安定していますが、漁業に携わる人の高齢化や跡継ぎの不足、魚の数の減少や利益の少なさなどから、徐々におとろえてきています。

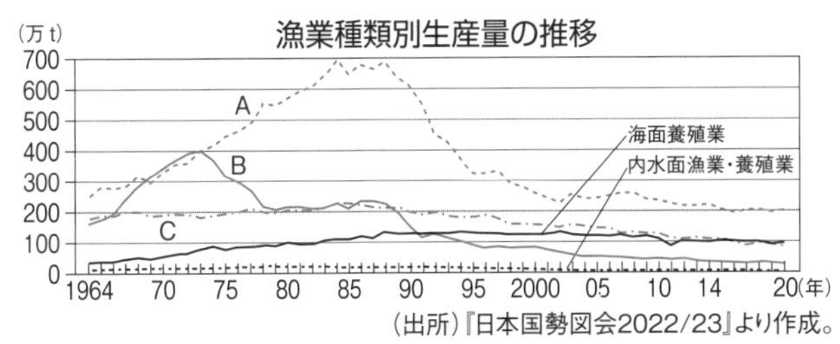

（出所）『日本国勢図会2022/23』より作成。

答え

遠洋漁業：＿＿＿、沖合漁業：＿＿＿、

沿岸漁業：＿＿＿

答え ▶ 問題14

答え　遠洋漁業：B、沖合漁業：A、沿岸漁業：C

日本では長い間、北海道の釧路港などから出港し、オホーツク海などでサケやマス、タラ、カニなどをとる「北洋漁業」がさかんでしたが、これも遠洋漁業の一種で、1970年代後半から一気に衰退しました。現在、世界では、気候の変動や魚のとりすぎにより、水産資源は危機的な状況にあり、「持続可能な漁業」の重要性が叫ばれています。

問題15 林　業

日本は花粉症に悩む人が多い国です。その中でも特に多いのがスギ花粉に悩む人です。スギ花粉による花粉症は1970年ごろから急激に増え始めました。なぜそのようなことになったのでしょうか？　その理由を説明した次の文の空欄に入る言葉を考えてみましょう。

答え

日本が経済的に豊かになっていく中、［　　　　］を買う人が増えたため、その材料として日本中の山林にスギが植えられたから。

ヒント1

1950年代なかばから1970年代前半にかけて、日本は「高度経済成長期」と呼ばれる時期に突入し、経済的に豊かになっていきました。そのため、決して安くはない「あるもの」を買おうとする人が増えました。

ヒント2

針葉樹の一種であるスギは、育つのが速く、また、木目がまっすぐで、「ヒント１」の「あるもの」を作るための材料に適していました。

答え ▶ 問題15

答え

日本が経済的に豊かになっていく中、＿家＿を買う人が増えたため、その材料として日本中の山林にスギが植（う）えられたから。

植えられたスギが、きちんと家を建てるのに使われていればよかったのですが、国内で育つスギだけでは足りないと判断した政府は、1964年、それまで制限していた木材の輸入制限をなくし、海外から自由に木材を輸入できるようにしました。日本産の木材は海外の木材との安さ競争に勝てず、切られずに放置されるスギが増えていくにつれて、スギ花粉に悩む人が増えていきました。

問題16 # 食料自給率

国内で食べられているもののうち、何％が国内で作られているかを表した数値を「食料自給率」といいます。下の(1)〜(4)は、右のグラフ中の品目のどれかについての説明なのですが、それぞれどの説明になっているか、考えてみましょう。

品目別の食料自給率(2020年度)

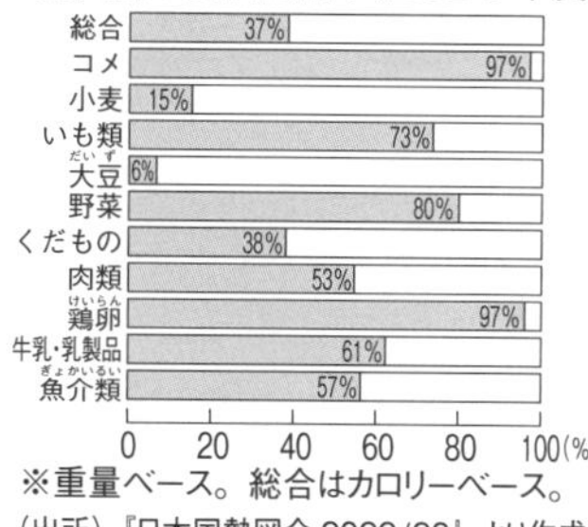

※重量ベース。総合はカロリーベース。
(出所)『日本国勢図会 2022/23』より作成。

(1) これを暗いところで育てると「もやし」となり、熟す前に枝ごと収穫してゆでると「枝豆」となる。みそやしょう油の原料となるため、和食には欠かせない存在だが、日本ではほとんど作られていない。

(2) 自給率は50％を上回っているが、これを生産する際に使用する「とうもろこし」などをほぼ輸入に頼っているため、実際の自給率はもっと低いのではないかという意見もある。日本では鹿児島県や宮崎県で特に多く生産されている。

(3) 世界の三大穀物のひとつで、日本人の主食である。ただ日本人の食生活が多様化し、パンや麺類、肉類や乳製品などを食べる機会が増えるにつれて、消費量は減ってきている。自給率もわずかながら減少している。

(4) 世界の三大穀物のひとつで、主にパンやパスタなどの原料になる。日本では主に北海道、特に十勝平野で生産されている。かなりの量を輸入に頼っている。

答え
(1)＿＿＿ (2)＿＿＿ (3)＿＿＿ (4)＿＿＿

答え ▶ 問題16

(1) 答え　大豆（だいず）

(2) 答え　肉類

(3) 答え　コメ

(4) 答え　小麦

日本の品目別の食料自給率（しょくりょうじきゅうりつ）を見ると、コメや野菜などの自給率は高いですが、小麦や大豆などの自給率はとても低い、つまり、海外からの輸入に頼（たよ）っていることが分かります。
あまりに食料を輸入に頼ってしまうと、輸入先の国で災害が起きたり、その国との関係が悪くなってしまったりしたときに、国民の命に直結する食料が手に入りにくくなってしまう危険性があります。

資源・エネルギー

2011年に発生した福島第一原子力発電所の事故により、日本の発電状況は大きく変化しました。どう変化したのか、そしてその変化によって、どんな問題が発生しているのか、次の3つのヒントを手がかりに考えてみましょう。

ヒント1 2011年の前と後の発電のエネルギー源別割合

	水力発電	火力発電	原子力発電	新エネルギー
2010年	7.8%	66.7	24.9	0.6
2014年	8.3%	90.7		1.1

（出所）『日本のすがた 2016』より作成。

ヒント2 日本の電源構成

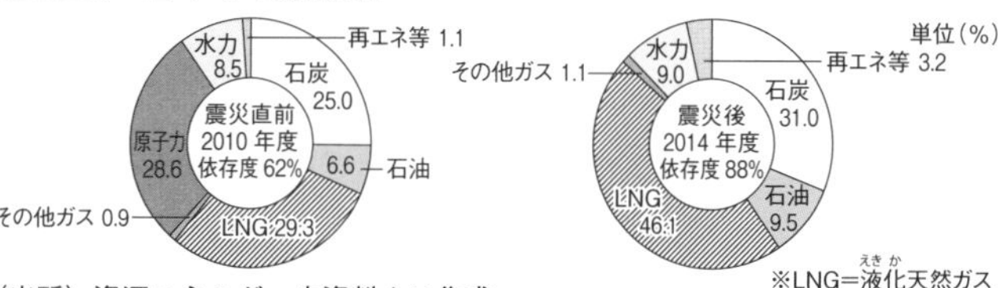

※LNG＝液化天然ガス

（出所）資源エネルギー庁資料より作成。

火力発電は主に、天然ガス、石炭、石油を燃やして行われます。天然ガス、石炭、石油を合わせて「化石燃料」と呼びます。

ヒント3 日本の二酸化炭素排出量の移り変わり

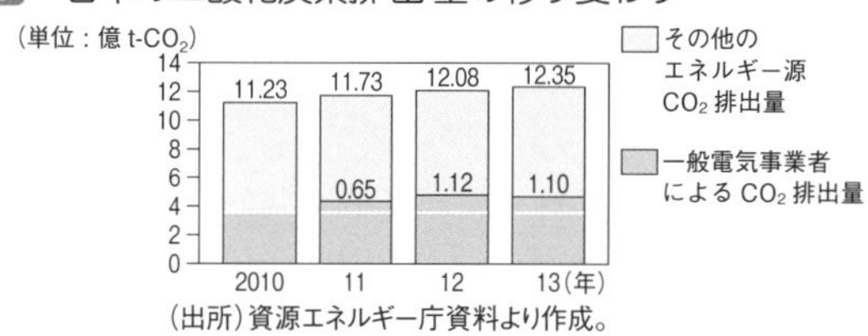

（出所）資源エネルギー庁資料より作成。

答え

……………………………………………………………………

……………………………………………………………………

答え ▶ 問題17

答え

原子力発電が大きく減り、火力発電が増えた。火力発電は化石燃料をたくさん燃やすため、地球温暖化の原因となる二酸化炭素の排出量が増えた。

「石炭」「石油」は燃えるときに二酸化炭素を排出しますが、「天然ガス」は二酸化炭素をあまり出しません。しかし、天然ガスは、石炭や石油に比べ、相対的に価格が高いため、火力発電の燃料に占める天然ガスの割合を増やすと、今度は電気代が上がっていくというデメリットが出てきてしまいます。

問題18 人件費

会社が人を雇うときにかかる費用のことを「人件費」と呼びます。人件費は一般的に先進国になればなるほど高くなるため、これまで多くの工場は、人件費の安い発展途上国に建てられてきました。ただ、今後は、工場が建てられる場所が以前ほどは人件費に左右されにくくなるのではないかと考える人もいるようです。それはなぜか、ヒントを参考に考えてみましょう。

ヒント

答え

答え ▶ 問題18

答え

産業用ロボットなどが活躍（かつやく）するようになると、多くの人間を雇（やと）わなくても、ものが作り出せるようになるから。

産業用ロボットが増えると人件費（じんけんひ）は節約できますが、それだけ仕事を失う人も増えてしまいます。産業用ロボットや AI（人工知能）の活躍が人間社会にどのような影響を及（およ）ぼすかについて、現在、いろいろな議論がなされています。機械ができることが確実に増えていく中、今以上に「人間にしかできないこと」を考え続ける必要性が出てきています。

自動車の生産状況

下のグラフは、「日本で生産された自動車の台数」「日本から輸出された自動車の台数」「海外で生産された日本の会社の自動車の台数」を示しています。A～Cが、それぞれどれにあたるか考えてみましょう。

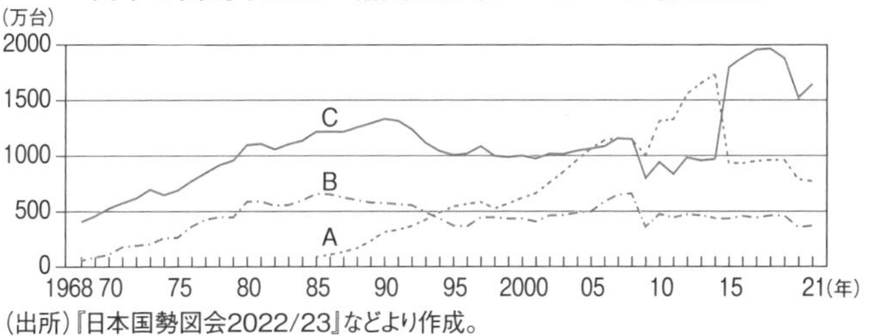

(出所)『日本国勢図会2022/23』などより作成。

答え

日本で生産された自動車の台数：＿＿＿

日本から輸出された自動車の台数：＿＿＿

海外で生産された日本の会社の自動車の台数：＿＿＿

ヒント

日本は1970年代から自動車の生産量を増やし、海外にも輸出するようになっていきました。しかし、1980年代に入ると、アメリカで日本の自動車が売れすぎた結果、アメリカの自動車が売れにくくなり、アメリカで自動車を作っていた人々が仕事を失うようになったことをアメリカが問題視し始めました。これを「貿易摩擦（ぼうえきまさつ）」といいます。その結果、日本の会社がアメリカに自動車工場を建て、アメリカの人を雇（やと）って自動車を作る「現地生産」が増えていきました。

答え ▶ 問題19

答え

日本で生産された自動車の台数： C

日本から輸出された自動車の台数： B

海外で生産された日本の会社の自動車の台数： A

日本の会社がアメリカに工場を建てると、アメリカ人が働ける場所が増えます。これはアメリカにとってはメリットです。そのため、貿易摩擦(ぼうえきまさつ)が起きた1980年代以降、アメリカに工場を建てる日本の自動車会社が増えました。したがってAが現地生産です。残ったのはBとCですが、そもそも作った台数以上に売ることは不可能ですので、Cが生産台数、Bが輸出台数となります。

問題20 3R

地球環境をより良いものにしていくために必要な行動とされる、「リデュース（Reduce）」「リユース（Reuse）」「リサイクル（Recycle）」の3つを「3R」と呼びます。
次のア〜カのうち、「リサイクル」にあたるものを2つ選び、記号で答えましょう。

ア　スーパーマーケットの店員さんが、夜、売れ残った弁当の値段を下げる。
イ　レジ袋を購入（こうにゅう）せずに済（す）むよう、マイバックを持って買い物に行く。
ウ　回収したビール瓶（びん）をきれいに洗って、もう一度ビールを入れて販売する。
エ　ワインの瓶を融（と）かして、ビール瓶として再利用する。
オ　古着をフリーマーケットに出し、誰（だれ）かに買ってもらう。
カ　新聞紙を回収し、トイレットペーパーとして再利用する。

答え

ヒント1
「リデュース」とは「物を大切に使い、ごみ自体を減らすこと」、「リユース」とは「使える物を繰（く）り返し使うこと」、「リサイクル」とは「ごみを資源として再び活用すること」を指します。

ヒント2
ア〜カの中には、リデュース・リユース・リサイクルの具体例が、それぞれ2つずつあります。

答え　**エ・カ**

アとイは、どちらもゴミとなるもの自体を減らすための行動である「リデュース」です。ウとオは、不要になったものをきれいにして、そのまま再利用しているので「リユース」に分類されます。ゴミとなったものが原料となって新たな製品に生まれ変わっているエとカが「リサイクル」です。

問題21 都市鉱山

2013年4月から「小型家電リサイクル法」が施行されました。不要になったパソコンやスマートフォン、デジタルカメラなどの小型の電子機器のリサイクルを進めるための法律です。なぜ、国が法律まで作って小型家電のリサイクルを進めるのでしょうか？　ヒントを手がかりに考えてみましょう。

ヒント

小型で高性能な製品を作るときに活躍するのが、金やインジウム、ニッケルといった、地球上にごくわずかしかない物質です。こうした物質を「レアメタル」や「レアアース」と呼びます。たとえば、鉄などの金属に微量のレアメタルを加えることで、より強力な磁力を持たせたり、熱に強くしたりすることができます。レアメタルやレアアースは、高性能な電気製品を作るのに欠かせない資源です。

答え

答え ▶ 問題21

答え

捨てられた小型家電の中にあるレアアースやレアメタルなどを、有効に活用するため。

一般的に、金がとれる山から掘り出した1tの鉱石から取り出せる金は10gもありませんが、同じ1t（約2000台）の携帯電話からは400g以上の金が取り出せるそうです。不要になった大量の小型の家電製品を、金などがとれる鉱山にたとえて「都市鉱山」と呼びます。地下資源の少ない日本にとっては、有効活用していくべき重要な「資源」です。

問題22 公　害

1950年頃、熊本県水俣市で、後に「水俣病」と呼ばれる病気が広まり始めました。1959年、地元の大学が、水俣病の原因は、「チッソ」という会社の工場が海に流していた「有機水銀」である、という研究結果を発表しましたが、会社は長い間そのことを認めませんでした。それどころか、患者たちは同じ水俣の人たちから、病気について騒がないようにといわれたこともあったようです。それはなぜだったと思いますか？

ヒント1　水俣市の人口

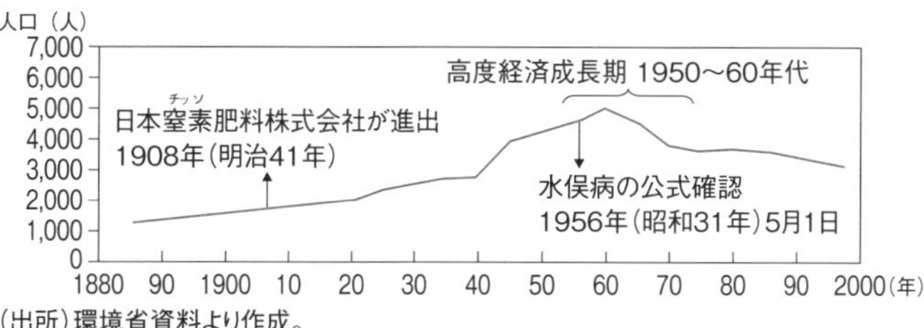

（出所）環境省資料より作成。

ヒント2　チッソと水俣市

「チッソは、明治の終わりに水力発電の会社としてスタートし（中略）やがて化学肥料の生産を始め、日本にとって重要な化学会社として成長しました。チッソの発展は水俣のまちの発展でもありました。水俣は人口が増え、熊本県下でも有数の工業都市となり、元工場長が市長を務めるなど、地域に対するチッソの影響力や住民のチッソへの依存度も大きくなりました」（水俣市立水俣病資料館ＨＰより一部抜粋）

答え

答え ▶ 問題22

答え

水俣市にはチッソで働く人が多く住んでいて、水俣病が会社のせいであるということが認められて会社が苦しい立場に置かれるのを避けたがる人もいたから。

高度経済成長期を経て日本は資本主義国の中で第２位の経済大国まで上りつめましたが（現在は世界第３位です）、社会全体が環境や健康よりも経済発展を優先した結果、「四大公害」に代表される多くの公害が日本各地で発生しました。
それに伴い、日本では1967年に「公害対策基本法」が制定されました。「公害対策基本法」はその後、1993年に成立した「環境基本法」に統合されて現在にいたります。

輸送（1）

右のグラフのＡ～Ｄは、

・自動車
・鉄道
・航空機（飛行機）
・船舶（船）

のいずれかを示しています。ヒントを手がかりに、それぞれがどの乗りものを指しているのか、考えてみましょう。

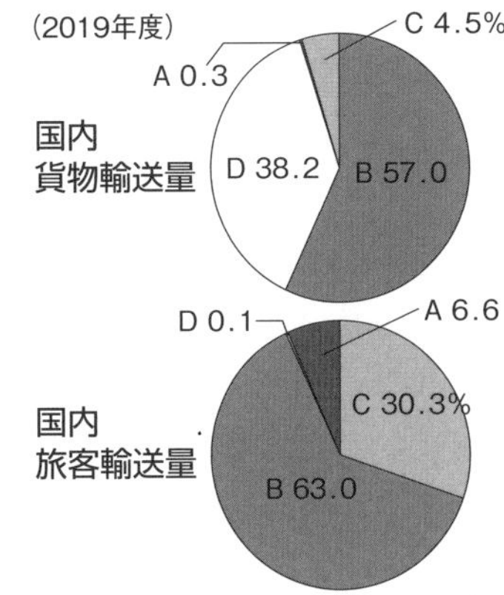

（出所）『日本国勢図会2022/23』より作成。

答え
A ＿＿＿＿ B ＿＿＿＿ C ＿＿＿＿ D ＿＿＿＿

ヒント1

日本では1970年代から自動車の生産がさかんになりました。それと同時に物（貨物）を運ぶときも人（旅客）を運ぶときも自動車が使われることが多くなりました。これを「モータリゼーション」と呼んでいます。

ヒント2

重たい物を水に浮かべると、より小さい力で運ぶことができるので、貨物輸送においては船が活躍します。ただ、船での移動は時間がかかるので、人を運ぶのには適していません。

ヒント3

飛行機は重たい物を運ぶのには適していません。運ぶとしてもIC（集積回路）や花といった「小型で、軽くて、高価」なものに限られます。スピードが速いというメリットを生かして、人を運ぶことの方が多いようです。

答え ▶ 問題23

(A)
答え　**航空機**

(B)
答え　**自動車**

(C)
答え　**鉄道**

(D)
答え　**船舶**

水には浮力があるので、多少遠回りになろうとも、重たいものは陸地を運ぶより、船で運んだ方が輸送費は安くなります。石炭、石油、鉄鉱石、LNG（液化天然ガス）、小麦といったものを海外から輸入するときは、ほぼ船を使います。特に石油を運ぶ船のことを「タンカー」、LNGを運ぶ船のことを「LNG タンカー」と呼びます。

タンカー

LNG タンカー

輸　送（2）

下の図は、飛行機が運ぶ人の数をあらわしたものです。「東京―福岡」間や「東京―札幌（さっぽろ）」間を行き来する人の数は、「東京―大阪」間を行き来する人の数を上回っています。大阪は福岡や札幌よりも人口が多いのに、東京から飛行機で行く人は福岡や札幌ほど多くはないようです。それはなぜだか分かりますか？

主な国内路線の旅客輸送量（定期輸送）（2020 年度）
（単位：万人）

長崎 44
大分 36
宮崎 36
熊本 52
鹿児島 66
宮古島 74
石垣 49
50
那覇 225
福岡 300
44
46
36
43
大阪 47
205
関西 36
中部 48
新千歳（札幌） 292
函館 36
48
成田
東京（羽田）
広島 54
松山 37

（出所）『日本国勢図会2022/23』より作成。

答え

東京―大阪間は、（　　　　　　　　　　）から。

ヒント

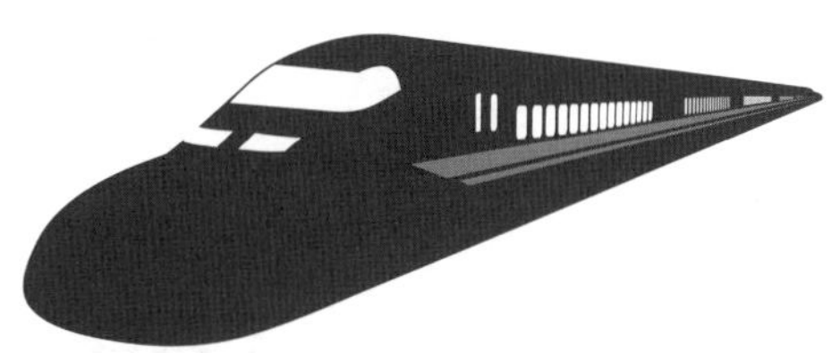

答え ▶ 問題24

答え

東京―大阪間は、**新幹線で移動する人が多い**から。

東京の羽田空港から大阪の伊丹空港まで飛行機で移動すると、約70分で到着するのに対し、東京駅から新大阪駅まで新幹線で移動すると約150分かかります。しかし、飛行機に乗るには時間に余裕をもって空港に行く必要があったり、空港から目的地までの移動時間がかかったりするため、新幹線の方が便利だと感じる人も多いようです。

問題25 輸 送 (3)

2017年3月に行われた道路交通法の改正により、それまでなかった「準中型自動車免許」という免許が新たに誕生しました。この免許が誕生した理由を、ヒントを参考に考えてみましょう。

運転免許に関わる変更

〈改定前〉

免許の種類	運転できる自動車の総重量とおもな種類	免許を取得できる条件
普通免許	5t 未満 など	18 歳以上
中型免許	5～11t 未満 上記に加えて など	普通免許を取得してから2年以上経過していること
大型免許	11t 以上 上記2つに加えて など	普通免許を取得してから3年以上経過していること

〈改定後〉

免許の種類	運転できる自動車の総重量とおもな種類	免許を取得できる条件
普通免許	3.5t 未満 など	18 歳以上
準中型免許	3.5～7.5t 未満 上記に加えて など	18 歳以上
中型免許	7.5～11t 未満 上記2つに加えて など	普通免許を取得してから2年以上経過していること
大型免許	11t 以上 上記3つに加えて など	普通免許を取得してから3年以上経過していること

ヒント

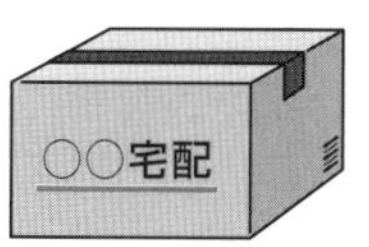

答え

［　　　　　　　］を利用する人が増え、

［　　　　　　　　　　］が不足したから。

答え ▶ 問題25

答え

通信販売 を利用する人が増え、**トラックを運転して商品を運ぶ人** が不足したから。

インターネットの普及によって通信販売を利用する人が増えたことや、少子高齢化による人口減少、厳しくなりがちな労働環境など、様々な要素が合わさって、今の日本ではトラックを運転する人が極端に不足しています。それを受けて、2017年の道路交通法改正では、それまで普通免許を取得してから２年経たないと運転できなかった「5t 以上（7.5t 未満）」のトラックが、運転免許を取得してすぐに運転できるように変更されました。

問題26 関　税

外国から輸入される品物に国がかける税金を「関税（かんぜい）」といいます。関税をかけられた輸入品は、その分だけ値段が高くなってしまいます。そのため、輸入する側の国の人としてはその品物を買いにくくなってしまいます。この関税は、いったい何のためにあるのでしょうか？　下のヒントを手がかりに、答えとなる次の文の空欄（くうらん）を埋（う）めてください。

答え

関税は、海外から輸入される［　　　　］製品から、国内の産業を［　　　　］ためにある。

ヒント1

りんごを買うためにお店に行ったあなたの目の前に２つのりんごがあるとします。片方のりんごは外国産、もう片方のりんごは日本産です。味や品質にほとんど差がないことが分かっていて、外国産のりんごの方が安かったら、どちらを買う人の方が多いと思いますか？

ヒント2

ものを安く売るためのコツは、できるだけ人手をかけずに大量生産することです。農産物の場合だと、大型の機械を使い、広い土地で一気に水や肥料をまきながら育てた方が、安い農産物を作ることができます。海外の農家との安さ競争では、もともと土地がせまい日本の農家は不利になりがちです。

ヒント3

海外から安い製品が輸入されると、日本で作られた同じものが売れなくなり、それを作っていた人が職を失ったり、会社が倒産（とうさん）したりしてしまうことがあります。

答え ▶ 問題26

答え

関税(かんぜい)は、海外から輸入される **安い** 製品から、国内の産業を **保護する（守る）** ためにある。

関税は国内の産業を保護するためにあるので、高い関税をかけながら行う貿易を「保護貿易」と呼びます。逆に、関税をなくした状態で行う貿易を「自由貿易」と呼びます。

問題27 円　安

知識問題編の㊾で扱ったように、円の価値が他の通貨(つうか)に対して安くなることを「円安(えんやす)」といいます。円安が進んだ場合起きることとして「ふさわしいもの」を、次のア〜カの中から「すべて」選んでください。

ア　ガソリンや小麦などの輸入品が高くなる。
イ　ガソリンや小麦などの輸入品が安くなる。
ウ　海外から日本に来る観光客が増える。
エ　日本から海外へ行く観光客が増える。
オ　日本国内の工場が増える。
カ　日本国内の工場が減る。

答え

ヒント1
円安とは、たとえば、100円を出せば1ドルと交換してもらえた状態から、150円出さないと1ドルと交換してもらえない状態になることを指します。

ヒント2
2022年に入り、急激(きゅうげき)に「円安（ドル高(だか)）」が進みました。

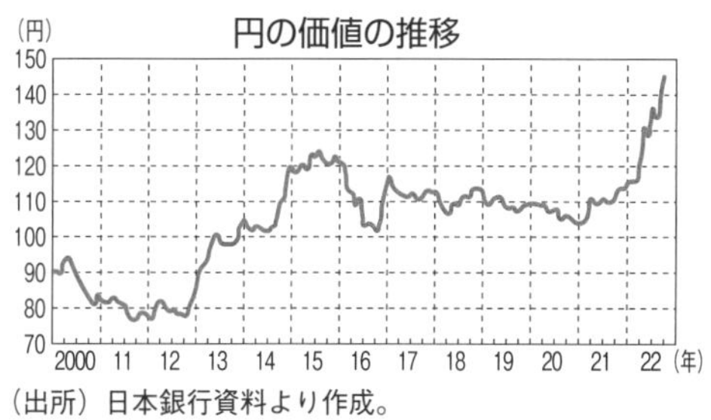

（出所）日本銀行資料より作成。

答え ▸ 問題27

答え　**ア・ウ・オ**

円の価値が下がると、海外の製品を買うために、より多くの円を支払わなければならなくなります。すなわち、石油や小麦などの輸入品の価格が上がります。反対に、海外の人、たとえば普段(ふだん)ドルを使って生活している人は、円安(えんやす)が進むと、自分が持っているドルをより多くの円と交換できるようになります。つまり、日本への観光旅行がしやすくなります。また、それと同じ理屈(りくつ)で、海外の会社が日本に工場を建てたり、日本人を雇(やと)ったりすることもしやすくなります。ちなみに「円高(えんだか)」が進むと、すべて反対のことが起こります。

問題28 日本の人口（1）

2021年の時点で、日本の人口は約１億2600万人です。世界の約190の国の中で11番目に人口の多い国です。さて、現在、日本の人口は増えているのでしょうか、それとも減っているのでしょうか？　下のヒントを手がかりに、答えとなる次の文の空欄（くうらん）を埋（う）めてください。

答え

日本の合計特殊出生率（ごうけいとくしゅしゅっしょうりつ）は1975年以降ずっと［　　　　］を下回っていて、総人口は2010年以降、連続して［　　　　］続けている。

ヒント1

「合計特殊出生率」は、「１人の女性が一生の間に出産する子どもの数の平均」とほぼ一致する数値です。日本の合計特殊出生率は下のグラフのように変化していて、2021年の時点では1.30人です。

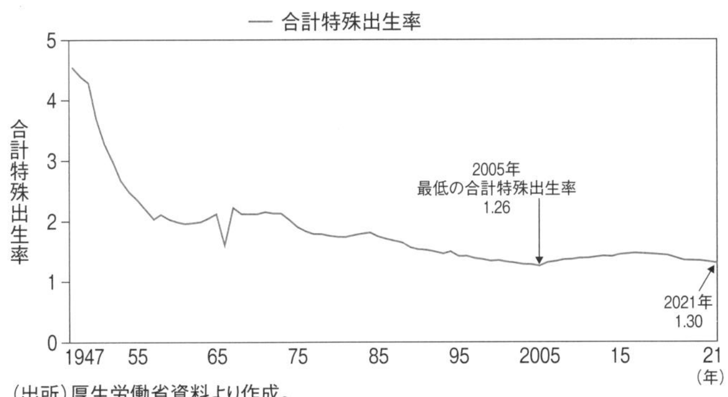

（出所）厚生労働省資料より作成。

ヒント2

人口を減らさないようにするためには、この合計特殊出生率は、最低でどのくらい必要でしょうか？

答え ▸ 問題28

答え

日本の合計特殊出生率は1975年以降ずっと **2（2.07）** を下回っていて、総人口は2010年以降、連続して **減り** 続けている。

正確には合計特殊出生率が2.07を下回ると、人口は減少するといわれています。日本は2005年に過去最低の1.26を記録し、そこから徐々に回復してはいますが、2.07には遠く及ばない状況です。少子化が進む原因としては、単身世帯や共働き世帯の増加や結婚する年齢が上がる「晩婚化」、保育園などを利用したくても利用できない「待機児童」の存在、教育費の負担増などがあげられます。新型コロナウイルス感染症が拡大した2020年から2021年にかけては、男女が出会う機会が減ったためか、結婚する人自体も大きく減りました。

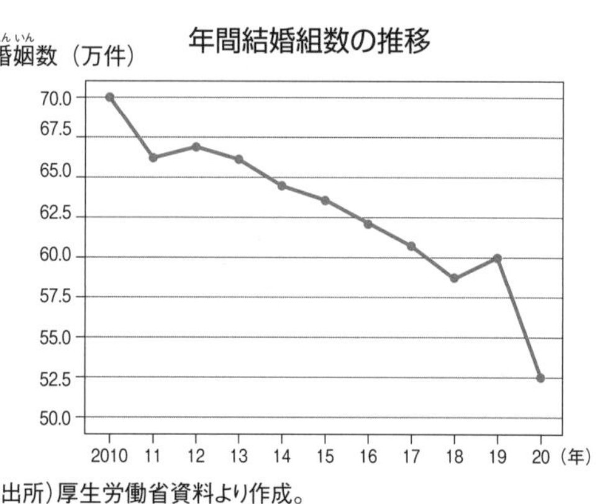

（出所）厚生労働省資料より作成。

問題29 日本の人口（2）

次のグラフの横軸は「女性の年齢」、縦軸は「働いている人の割合」を表しています。スウェーデンやドイツと比べたとき、日本にはある「問題」が発生していると見ることができます。それはどんな「問題」でしょうか？

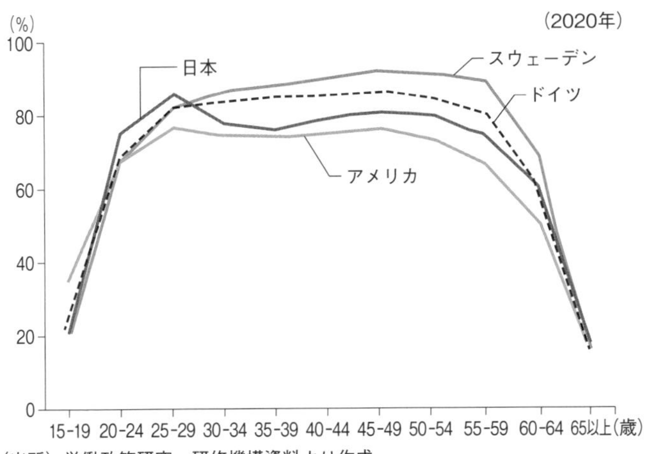

（出所）労働政策研究・研修機構資料より作成。

答え

日本では［　　　　］を理由に、

［　　　　］女性がまだまだ多いということ。

ヒント

日本の働く女性の割合が、特定の年齢層で極端に下がるのはなぜでしょうか。

答え ▶ 問題29

答え

日本では **出産や育児** を理由に、**仕事を辞めざるを得ない** 女性がまだまだ多いということ。

出産や育児に集中するために、自らの意思で仕事を辞める選択をする人もいます。しかし、保育所が不足していたり、「子育ては女性の役割」という考えを持つ人が少なくなかったりするなど、様々な事情で、「子どもを産んだ後も仕事を続けたい人」が「仕事を辞めざるを得ない」ケースが、まだ多く発生しているのが現実です。そして、それが日本の人口が減少する理由のひとつとなっています。

少子化が進む日本で、子どもを育てながら仕事を続けたい人の希望がかなえられるよう、企業（会社）には、男女問わず、子どもを育てるために必要な休みをとれる制度（産休・育休）や、一時的に勤務時間を減らせる制度などを充実させることが求められています。地域によっては保育施設の充実なども課題となっています。

問題30 くらし(1)

次のＡ～Ｃは、各都道府県の1000世帯（２人以上の世帯）あたりの「自動車」「ピアノ」「ルームエアコン」の所有台数です。それぞれが、どの所有台数を示したものでしょうか？

Ａ
１位　滋賀県　3438台　　47位　北海道　181台

Ｂ
１位　山形県　2118台　　47位　東京都　692台

Ｃ
１位　群馬県　354台　　47位　沖縄県　139台

（2009年総務省統計局）

答え
Ａ＿＿＿＿＿＿　Ｂ＿＿＿＿＿＿　Ｃ＿＿＿＿＿＿

ヒント1
地下鉄が発達した大都市ほど、自動車を持っている人の数は……。

ヒント2
夏はすずしく、冬はとても寒いところは、エアコンよりもストーブの方が活躍(かつやく)するかも……。

ヒント3
そもそも、ピアノが置いてある家自体の数が……。

答え ▶ 問題30

(A)
答え　ルームエアコン

(B)
答え　自動車

(C)
答え　ピアノ

地下鉄や鉄道が発達している大都市では、自動車がなくても生活がなりたつため、自動車の保有台数は下がる傾(けい)向(こう)にあります。

問題31 くらし(2)

下の表は、平成に入ってからの1円玉の発行枚数です。全体的には1円玉の発行枚数は減っていっているようです。ヒントを参考に、その理由を考えてみましょう。

年	発行枚数	年	発行枚数
平成元年	2,366,970,000	平成18年	129,594,000
2年	2,768,953,000	19年	223,904,000
3年	2,301,120,000	20年	134,811,000
4年	1,299,130,000	21年	48,003,000
5年	1,261,240,000	22年	7,905,000
6年	1,040,767,000	23年	456,000
7年	1,041,874,000	24年	659,000
8年	942,213,000	25年	554,000
9年	783,086,000	26年	124,013,000
10年	452,612,000	27年	82,004,000
11年	67,120,000	28年	574,000
12年	12,026,000	29年	477,000
13年	8,024,000	30年	440,000
14年	9,667,000	31年	566,000
15年	117,406,000	令和元年	502,000
16年	52,903,000	2年	528,000
17年	30,029,000	3年	845,000

(出所)造幣局資料より作成。

ヒント

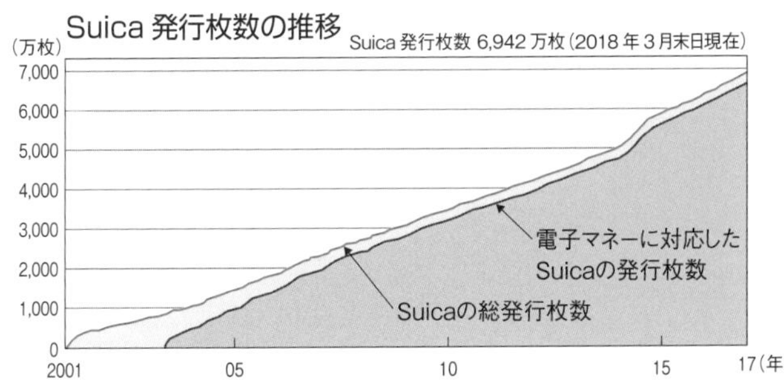

(出所)JR東日本資料より作成。

答え

....

答え ▸ 問題31

答え

Suicaなどの電子マネーの普及により、硬貨が使用される機会が減ったと考えられるから。

平成９年あたりから１円玉の発行枚数が減った理由として、平成９年に消費税が３％から５％に引き上げられたことも影響しているのではないか、と考える人もいます。逆に消費税が５％から８％になった平成26年は、１円玉の発行枚数は増えました。

問題32 くらし(3)

次の３つのものを、同じ理由で「使いにくいなぁ……」と感じる人がいます。
どんな人でしょうか？

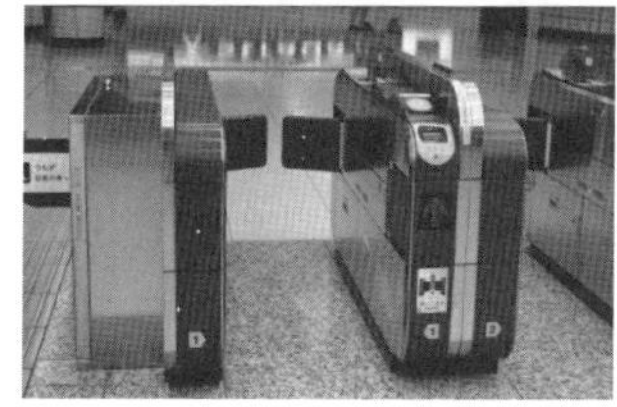

答え
　　　　　　　　　　の人

答え ▶ 問題32

答え　左利き（き）の人

上の写真の自動販売機（はんばいき）は、硬貨を入れるところが真ん中についています。また、買った飲み物も、お金を入れるところの近くから出てくるので、腰（こし）が悪い人でもかがまずに取り出すことができます。
この自動販売機のように、すべての人にとって使いやすいように設計されたデザインのことを「ユニバーサルデザイン」といいます。

問題33 くらし(4)

皆さんは「YouTube」などの「動画共有サイト」を利用したことがありますか？　世界中の人が、数えきれないほど多くの動画を見られるようにしておくためには、とても多くの費用（お金）がかかります。しかし、私たちはYouTubeを無料で見ることができます。では、YouTubeを運営している会社は、その運営にかかるお金をどうやって手に入れているのでしょうか？

答え

（　　　　　　　　）からお金をもらっている。

ヒント1　（NHKやケーブルテレビなどを除く）テレビ番組も無料で楽しむことができます。テレビ局はどうやって番組を作るのに必要なお金を手に入れているか考えたことがありますか？ YouTubeが無料で見られる理由と、テレビ番組を無料で見られる理由は基本的に同じです。

ヒント2　矢印が指しているものが何か、分かりますか？

答え ▶ 問題33

答え

YouTubeに広告を表示している会社からお金をもらっている。

YouTubeで動画を見ようとすると、動画を見る前に10秒前後、広告が表示されることがあります。また動画のまわりにも広告が表示されています。YouTubeを運営している会社は、多くの人の目に留まる動画を準備し、その画面に広告を表示したいと考える会社からを広告費を受け取って広告を表示しています。そのため、動画を見る人からお金を集めなくても、利益を出すことができるのです。

反対に、広告を見たくない利用者は、YouTubeに直接お金を払うことで、広告を見ずに見たい動画だけを見ることができます。

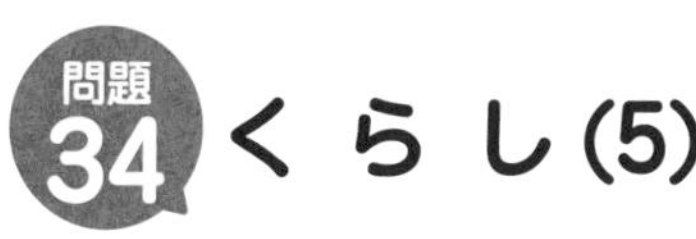

問題34 くらし(5)

K君は、友達が1か月にだいたい何円くらいお小遣いをもらっているかが気になって調べてみました。お小遣いの額を教えてくれた10人の友達の「平均値」を出したら「3800円」となったのですが、ほとんどの友達が「えー、そんなにもらってないよー」と言います。
なぜ「平均値」が多くの友達の「一般的な感覚」とずれたのでしょうか。考えてみましょう。

K君の調査の結果（表）

Aさん	30,000円
B君	2,000円
Cさん	2,000円
D君	1,000円
E君	1,000円
Fさん	1,000円
Gさん	500円
H君	500円
I君	0円
Jさん	0円

答え

....

....

答え ▶ 問題34

答え

極端に多い額のお小遣いをもらっているＡさんが、全体の平均値を押し上げているから。

「平均値」は、すべてのデータの数を足してデータの個数で割ることで求められます。「平均値は全体の真ん中を表す」というイメージを持っている人は少なくありませんが、実際は今回の例のように、一部の極端なデータが全体の数値を押し上げたり、押し下げたりすることがあります。
「全体の真ん中」に近いのは、データを小さい順（または大きい順）に並べたときに真ん中にくる「中央値」と呼ばれる値です。今回のようにデータの個数が偶数の場合は、真ん中の２つの平均をとります。今回はＥ君もＦさんも1,000円ですから、中央値は1,000円です。これだと「まあ、だいたいそんなものか」と感じる友達も多そうです。

問題35 くらし(6)

ある高校のオーケストラ部では、演奏(えんそう)会で演奏する曲を全部員の投票で決めています。次回の曲として候補(こうほ)にあがった5曲について、全部員に希望順位1位と2位の曲をあげてもらったところ、次のようになりました。

		1位にあげた人の数	2位にあげた人の数
ベートーヴェン	交響曲(こうきょうきょく)第三番	23人	21人
ベートーヴェン	交響曲第五番	20人	26人
ブラームス	交響曲第四番	26人	15人
チャイコフスキー	交響曲第五番	6人	20人
ショスタコーヴィチ	交響曲第五番	25人	18人

このとき、次のA～Cの「決め方」のうち、佐藤さん、鈴木さん、田中さんにとって、それぞれもっとも「都合がよい」ものはどれでしょうか。

A：1位にあげた人がもっとも多い曲とする。
B：1位にあげられた曲には1人につき2点、2位にあげられた曲には1人につき1点をつけ、もっとも合計得点が多い曲にする。
C：1位にあげた人の数と2位にあげた人の数の合計の上位2曲で決選投票を行う。

佐藤さん：ベートーヴェンの曲であればなんでもうれしい。
鈴木さん：せっかくならブラームスを演奏したい。
田中さん：何が何でもショスタコーヴィチが良い！

答え

佐藤さん　　鈴木さん　　田中さん

答え ▶ 問題35

答え　佐藤さん　C

答え　鈴木さん　A

答え　田中さん　B

ものの決め方にもいろいろな方法があります。Aの「1位にあげた人がもっとも多い曲」は、ブラームスの四番なので、鈴木さんにとってうれしい決め方です。Bは「ボルダルール」と呼ばれる決め方です。これで計算するともっとも得点が多いのは

　　25×2+18=78

のショスタコーヴィチの五番になるため、田中さんはこの決め方を希望しています。Cだと、ベートーヴェンの三番か五番の決選投票となるため、どちらでもうれしい佐藤さんはこれで満足です。

ちなみに、いわゆる「多数決」に近い決め方はAですが、ブラームスの四番を1位に選んだ人が全体の過半数に達していないことから、不満に感じる人が多く発生する可能性があります。そのため、実際には1位に選んだ人が多い2曲、ブラームスの四番とショスタコーヴィチの五番の決選投票が行われることが多いと考えられます。佐藤さんは不満かもしれませんが、今回、ベートーヴェンの曲が2曲候補にあがっていて、ベートーヴェンファンの票が2つに割れてしまっているので、佐藤さんには不利な展開となっています。

問題36 くらし(7)

2015年９月に国連サミットで採択された「持続可能な開発目標(SDGs)」の１番は「貧困をなくそう」です。「貧困」には「連鎖する」という特徴があり、この「貧困の連鎖」に苦しむ人は日本においても少なくないと考えられています。「貧困の連鎖」とは具体的にどういうことを指すのか、次の２つのヒントを参考に考えてみましょう。

ヒント1　最後に卒業した学校と賃金の関係

学歴別・男女別平均賃金（2020年）

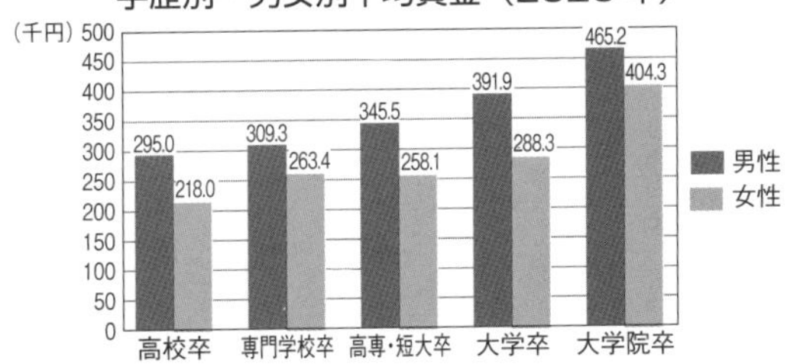

（出所）厚生労働省資料より作成。

ヒント2　両親の年収と子どもの進路

親の収入と高校卒業後の進路(2009年度)

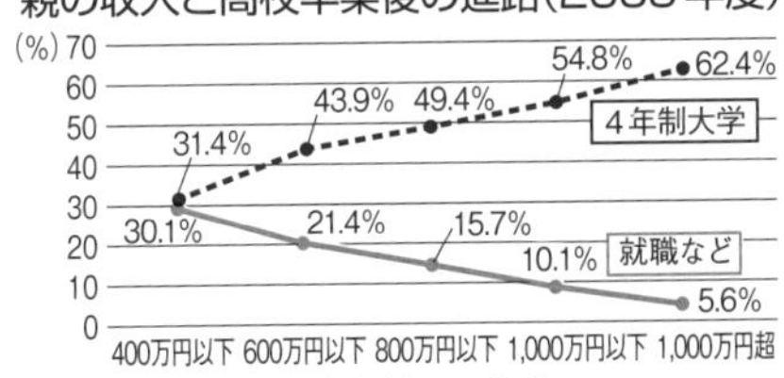

（出所）文部科学省資料より作成。

答え

……………………………………

……………………………………

答え ▶ 問題36

答え

学歴が高い人ほど、賃金は高くなる傾向がある。さらに、両親の収入が多いほど、子どもの学歴は高くなる傾向がある（＝大学に行かせてもらいやすくなる）。そのため、両親の収入が低いと、子どもが大人になったときの収入も低くなる可能性があると考えられる。

ちょっと難しい問題でした。大学や大学院を卒業していたり、子どもに多くのお金をかけられたりする人の子どもは、同じように大学などに進学する傾向があります。反対に、中学校や高校を出てすぐに働いている人の子どもは、同じような進路を選ぶ傾向があります。最終学歴、特に大学を卒業しているかどうかは、働き出してからの賃金に影響するため、親の収入は子どもに「連鎖」すると考えられています。もちろん例外はいくらでもあります。ただ、全体で統計をとったときにそのような傾向（相関関係）があるのはたしかなので、世の中全体としては、両親の収入で学歴が左右されにくい社会を目指していく必要があります。

時　差（1）

(1)　日本の最東端である「南鳥島」の経度は東経154度、日本の最西端である「与那国島」の経度は東経122度です。「南鳥島」が日の出をむかえてから、約何時間後に「与那国島」は日の出をむかえるでしょうか？

答え　　　時間後

ヒント1　地球が1回自転する時間が「24時間」です。1回自転する、つまり地球が360度回転するのに24時間かかるわけですから、経度が約15度（360÷24＝15）離れていると1時間の時差が生まれることになります。

(2)　日本の「時間」を決める標準時子午線は兵庫県の明石市を通る東経135度線です。ちなみに東経（西経）0度線はイギリスのロンドンを通っています。では、日本が2月11日午前11時のとき、イギリスは何日の何時でしょうか？

ヒント2　日本とイギリスは135度離れているので、135を15で割ると日本とイギリスが何時間ずれているかが分かります。

(3)　では、同じく日本が2月11日午前11時のとき、アメリカのニューヨークは何日の何時でしょうか？ ニューヨークは西経75度線の近くにあります。

答え　2月　日　時

ヒント3　まず、日本とニューヨークが何度離れているかを考えましょう。

答え ▶ 問題37

(1)
答え　2 時間後

(2)
答え　2月 11 日 午前2 時

(3)
答え　2月 10 日 午後9 時（21 時）

(1)　時差の計算をするときは、まず、求める2点間の距離（角度）を出して15で割りましょう。それが「時差」になります。そのあと、西に進むのであれば「引き算」、東に進むのであれば「足し算」をします。「日付変更線」をまたぐときは要注意です。東から西へまたぐときは日付に1を足し、西から東へまたぐときは日付から1を引くのを忘れないようにしましょう。

(2)　イギリスのロンドンは日本から西に135度離れたところにあります。そのため、日本より9時間遅れていることになりますので、日本が2月11日午前11時のとき、ロンドンはその9時間前、すなわち2月11日午前2時だということになります。

(3)　アメリカのニューヨークは日本から西に210度離れたところにあります。そのため、日本より14時間遅れていることになりますので、日本が2月11日午前11時のとき、ニューヨークはその14時間前、すなわち2月10日午後9時（21時）です。

問題38 時差（2）

インドという国では現在、「IT産業」が非常に発展しています。その理由を、次のヒントを手がかりに考えてみましょう。

ヒント1

IT産業とは、主にコンピューターやインターネットといった情報・通信の技術全般に関わる産業です。コンピューターで使うソフトをプログラムする仕事や、スマートフォンのアプリを作る仕事なども含（ふく）まれます。「情報」そのものを扱（あつか）うことが多いので、インターネットを通じて、仕事の成果を遠くにいる人とすぐに共有することができます。現在、世界でIT産業がもっともさかんなのはアメリカ合衆国です。

ヒント2

アメリカとインドの「時差」は、だいたい何時間くらいでしょうか？

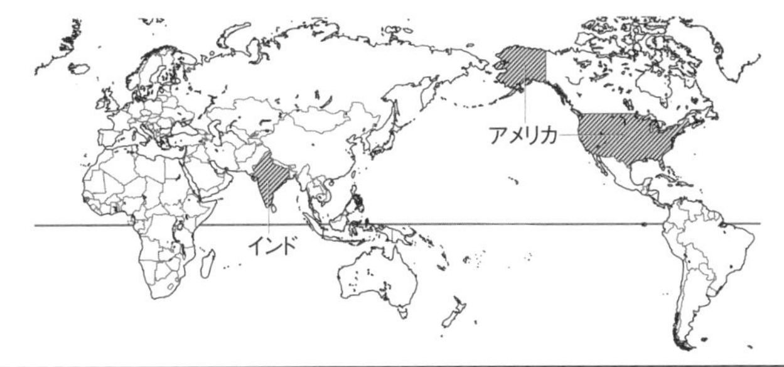

答え

……………………………………………

……………………………………………

テーマ1 地理　レベル▼▲▲▲

答え ▶ 問題38

答え

アメリカが夜になり、アメリカの人が仕事を終えるタイミングで、ちょうど仕事を始めるインドの人に仕事を引きつげるから。

インドでIT産業がさかんな理由は、アメリカとの位置関係以外にもあります。インドには3000年以上も前から「カースト制度」という身分制度があり、身分によって就(つ)ける仕事が決められています。そのため「昔からある仕事」は、それがしたい仕事でもできないことがあるのです。IT産業は新しい産業なので、カースト制度の影響を受けず、すべてのインド人ができる仕事として人気を集めています。
また、インドでは、連邦公用語(れんぽうこうようご)であるヒンドゥー語を話せる人が人口の３～４割に過ぎないため、英語が準(じゅん)公用語に指定されています。このため、英語が話せる人が多く、それもアメリカ企業と連携(れんけい)しやすい理由のひとつとなっているようです。

問題39 旧石器

約１万３千年前より以前の時代を「旧石器時代」と呼んでいます。旧石器時代の気温は、今とだいぶ異なっていたようなのですが、さて、今より暖かかったのでしょうか、それとも寒かったのでしょうか？

答え
今より［　　　　］。

ヒント1
右の地図は、今から約２万年前の日本の様子です。
今より陸地の部分が多く、日本が大陸とつながっています。
「陸地の部分が多い」のはなぜか、「ヒント２」とあわせて考えてみましょう。

ヒント2
地球上にある水は、右の図のように、グルグルと「循環」しています。雨になって地上に降った水が、陸地の上で「氷」になると、海の水の量はどうなると思いますか？

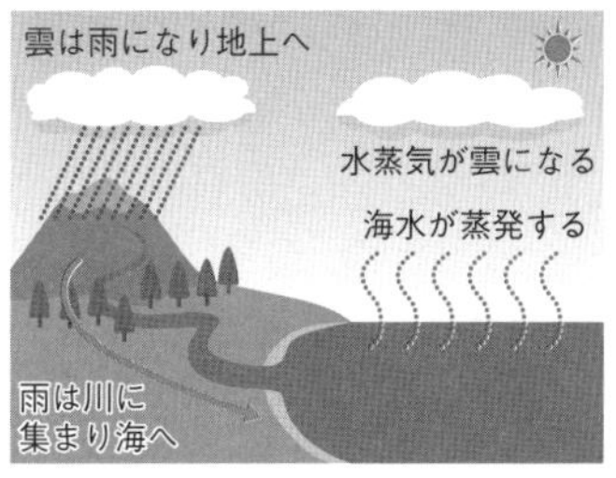

テーマ２ 歴史 レベル

答え　今より **寒かった** 。

旧石器時代は地球全体の気温が今よりも低く、今、海水となっている水のうちの何割かが陸の上で氷となっていたため、今より海の水は少なく、陸地の部分が広かったと考えられます。長野県の野尻湖では、本来日本にはいないはずのナウマンゾウの化石が見つかっており、大陸と陸続きであったことの証拠とされています。

問題40 弥　生（1）

今から約3000年前、縄文(じょうもん)時代から弥生(やよい)時代に入ると、日本列島に住む人々の数は少しずつ増えていきました。これはなぜだと思いますか？

答え

大陸から［　　　　］が伝わってきたことで、
［　　　　］が増えたから。

ヒント1

縄文時代の人々は、基本的に食べるものを狩(か)りや漁、採集(さいしゅう)などによって手に入れていたと考えられています。採集というのは山に入って食べられる植物や木の実などを手に入れることです。周りに食べ物がなくなると、住む場所を変える必要がありました。

ヒント2

縄文時代の後半から弥生時代にかけて、中国大陸から日本に「稲作(いなさく)」が伝わります。稲作が本格的に始まったことで、弥生時代の人々は、同じ場所で毎年、食べ物を手に入れやすくなりました。

答え ▶ 問題40

答え

大陸から **稲作** が伝わってきたことで、**食べる物** が増えたから。

縄文時代の遺跡である青森県の「三内丸山遺跡」など、稲作が始まる前から、「竪穴住居」を作り、定住を始めていた集落もあったようです。ただ、定住が本格的に進み、人口が増えていくのは、やはり中国大陸の長江流域から稲作が伝えられてからのことのようです。

弥　生　(2)

弥生時代の遺跡からは、コメを蓄えておくための「高床倉庫」が見つかることがあります。この高床倉庫、写真のように、地面につながる柱と床板の間に、１枚の板がはさんであることがあるのですが、さて、これはなんのための工夫だと思いますか？

ヒント

答え

答え　**ねずみが柱を伝って倉庫の中に入るのを防ぐため。**

高床倉庫（たかゆかそうこ）の中にねずみが入ってくるのを防ぐ板を「ねずみ返し」といいます。また、高床倉庫の床が高いところにあるのは、風通しを良くし、コメを湿気（しっけ）から守るためです。いろいろなところに弥生（やよい）時代の人々の知恵と工夫のあとを見ることができます。

問題42 弥 生 (3)

佐賀県に「吉野ヶ里遺跡」という弥生時代の集落の遺跡があります。この集落は、人が土を掘って作った「堀」に囲まれているのですが、このことから、どんなことが分かるでしょうか？

答え

すでに弥生時代には、集落同士で［　　　　］が行われていたことが分かる。

ヒント

弥生時代の遺跡からは、尖らせた石が刺さった盾や、石で作られた剣が刺さった人の骨、さらに首がない状態で棺に入れられた人の骨などが見つかることがあります。

答え ▶ 問題42

答え

すでに弥生時代には、集落同士で **戦い** が行われていたことが分かる。

稲作が本格的に始まり、定住が進むと、そこに「むら」ができます。そして「むら」同士が稲作に適した土地や水などをめぐって争い、戦争が始まったのではないかと考えられています。強い「むら」はまわりの「むら」を従えて、次第に「くに」が形成されていきます。

問題43 古　墳（1）

301年から400年までの100年間を「４世紀」と呼びますが、この４世紀の間に日本に何が起こっていたかは、ほとんど明らかになっていません。それは５世紀まで日本にはまだ（　　）がなかったからなのですが、さて、何がなかったからか分かりますか？　漢字２文字で答えてください。

答え

ヒント1

弥生時代の日本の様子は中国の歴史書からある程度知ることができます。当時の日本にいた「王」が中国に使いを送ったときに、中国の人が記録をしてくれていたのです。

ヒント2

４世紀に入ると中国大陸は戦乱の時代を迎えます。戦争中の場所へ使いを送る王はほぼいなかったので、中国に日本の記録が残っていないのだろうと考えられます。

ヒント3

５世紀に入ると、中国や朝鮮半島から日本にわたってきた「渡来人」と呼ばれる人々によって、日本に（　　）が広まっていったようです。

答え ▸ 問題43

答え　**文字（漢字）**

5世紀に入り、渡来人によって日本に本格的に「漢字」が伝えられたと考えられています。それまでの日本人は、言葉は話せても、文字をもっていなかったので、「記録を残す」ということができませんでした。

古墳時代（5世紀、今から約1500年前）のヤマト政権の支配が及んでいた地域を表したものにもっとも近いのは、次のア～ウのうちどれか、ヒントを手がかりに考えてみましょう。

答え

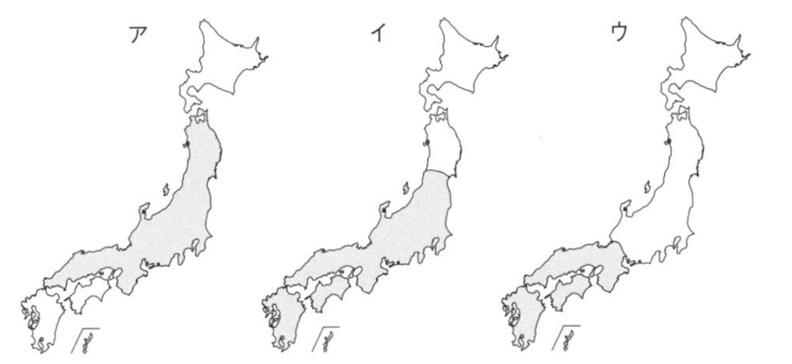

ヒント1

明治時代の初めごろ、熊本県の「江田船山古墳」から、文字が刻まれた鉄刀が発見されました。この鉄刀には、
「天下を治めていたワ○○○ル大王の時代、……刀を作った」
（実際の表記はすべて漢字です）
という内容が書いてありました。「大王」は「おおきみ」と読み、ヤマト政権の最高権力者を指す言葉です。○○○の部分は文字が削れていて読めませんでした。

ヒント2

1968年、埼玉県にある「稲荷山古墳」から、同じく文字が刻まれた鉄剣が発見されました。この鉄剣には、
「ワカタケル大王の寺が～にあったとき、私は大王の政治を助けた」
と書いてありました。ワカタケルの「ワ」「ル」を表す漢字が、江田船山古墳の鉄刀の「ワ○○○ル」の「ワ」「ル」の漢字と同じであったため、これは同じ人物を指していると考えられます。

答え ▶ 問題44

答え　**イ**

「ヒント１」と「ヒント２」から、少なくとも九州から関東北部まで、当時のヤマト政権（後の朝廷）の支配が及んでいたことが分かります。

ちなみに、ワカタケル大王の時代から約300年後、朝廷は坂上田村麻呂を「征夷大将軍」に任命し、東北地方に住む人々を軍事力で朝廷に従わせようとしました。このことから、東北地方より北の地域は長い間、ヤマト政権の支配下になかったことが分かります。

問題45 飛　鳥

603年、推古天皇や聖徳太子が「冠位十二階」という制度を作りました。家柄に関係なく、能力のある人を国のために働く役人にとりたてるための制度でしたが、聖徳太子たちは何のためにこの制度を作ったのでしょうか？　次のヒントを手がかりに考えてみましょう。

ヒント1

このころの日本では、「豪族」と呼ばれる有力者が大きな権力を持っていました。聖徳太子は、なんとかして豪族の力を弱め、日本を天皇の権力の強い国にしたいと考えていたようです。

ヒント2

当時、国の役人は、家柄によって決められていました。特定の豪族の家に生まれれば、そのまま国の役人になることができたのです。この制度があったため、豪族たちの力はより強いものとなっていました。

ヒント3

聖徳太子が603年に作った「冠位十二階」は、家柄に関係なく、試験に合格した優秀な人を国の役人とする制度でした。国の役人には位に応じて「冠」が与えられ、役人をやめるときはその冠を返さなければなりませんでした。

答え

....

....

答え ▶ 問題45

答え

豪族の権力を弱め、日本を天皇の権力が強い国にするため。

豪族が自分たちの家柄に応じて国の役人としての地位を手に入れる制度を「氏姓制度」といいます。これに基づいて豪族たちは強い権力を手にしていました。豪族の力を弱め、天皇に権力を集めたかった聖徳太子は、この氏姓制度を破壊するために「冠位十二階」という制度を作ったと考えられています。

問題46 奈 良（1）

「だれがどこに住んでいるか」を調べて記録したものを「戸籍（こせき）」といいますが、奈良時代の戸籍を調べると、女の人が異常に多い村があることが分かります。これはなぜでしょうか？　ヒントを手がかりに考えてみましょう。

答え

女性の方が［　　　　］ため、

［　　　　　　　　　　］。

ヒント1

日本で初めて戸籍を作ったのは天智（てんじ）天皇だといわれています。天智天皇は奈良時代の前の時代である飛鳥（あすか）時代の天皇で、人々からきちんと税を集めるために戸籍を作りました。

ヒント2　奈良時代の主な税

	納めるもの	納める人
租（そ）	米	男女
調（ちょう）	地方の特産物	男
庸（よう）	布	男

ヒント3

戸籍上、女性が多い村があったとしても、本当に女性が多かったのかは分かりません。男の子が生まれたときに、女の子が生まれたと、うその報告をすることも可能だったようです。

答え ▶ 問題46

答え

女性の方が **納める税が少なかった** ため、**男の子が生まれても女の子が生まれたことにして役人に報告する人が多かったから** 。

奈良時代の人々が納めていた税の中で、「調」と「庸」はそれぞれ男性にのみ課せられた税でした。しかもこの2つは自分で都まで納めにいく必要があり、その負担はかなり大きかったといわれています。このような税から逃れるために、奈良時代の農民たちは、男の子が生まれても女の子が生まれたことにして役人に届けることがあったようです。

問題47 奈良（2）

荒れ地を耕して水田にすることを「開墾」といいます。743年、聖武天皇は「墾田永年私財法」という法律を作り、新たに開墾した土地は永久にその開墾した人のものとすることを認めました。この法律によって、この後、天皇の権力は大きく変わっていくのですが、どのように変わっていったのか、ヒントを手がかりに考えてみましょう。

答え

墾田永年私財法によって、天皇の権力は、

強くなった。／弱くなった。

ヒント1

奈良時代が始まる少し前、飛鳥時代に「班田収授法」という制度が作られました。すべての土地をいったん国のものとし、6歳以上の男女に「口分田」として貸し出し、そこでとれた収穫から税を納めさせる、という制度でした。すべての土地を国のものとしたのは、天皇の力が強い国を作ろうとしてのことでした。

ヒント2

人口が増加してくると、口分田は不足していきます。そのため、新しく田を作る必要が出てきました。しかし、新たに田を作るというのは非常に大変な作業なので、いずれ国に返さなければならないと思うと、だれもやりたがりませんでした。そこで聖武天皇は「墾田永年私財法」を作ったのです。

ヒント3

しかし、実際のところ、新しく田を作ることができるのは、多くの人を働かせる力をもった貴族や寺院などに限られました。

答え ▶ 問題47

答え

墾田永年私財法によって、天皇の権力は、

弱くなった。

豪族の土地を国のものとすることで、豪族の力を弱め、天皇に権力が集まる国にしようとしたのが「班田収授法」でした。しかし、「墾田永年私財法」が作られると、新しく田を作ることができるだけの力をもった貴族や寺院などの土地が増えて、彼らは次第に天皇の権力をうばっていくようになりました。

平　安（1）

奈良時代、日本の都は奈良盆地に作られた「平城京」でしたが、桓武天皇はこの平城京を捨て、京都盆地に建設した「平安京」に都を移しました。なぜ、桓武天皇は平城京を捨てたのでしょうか？　ヒントを手がかりに考えてみましょう。

答え

天皇に権力を集めるために、

（　　　　　　　　　　　　　　　　　　　　）。

ヒント1

奈良時代の中ごろ、仏様の力で国を良くしていこうと考えた聖武天皇は、日本全国に多くの寺を建てました。東大寺には「大仏」まで作らせ、僧（仏教のお坊さん）を大切にしました。

ヒント2

聖武天皇が亡くなった後、道鏡という僧が、天皇家の人間ではないにもかかわらず、天皇になろうとする事件が起こりました。道鏡の計画はぎりぎりのところで止められましたが、あと少しで成功しかけるところだったといわれています。

ヒント3

平城京には「東大寺」や「興福寺」といった多くの寺がありましたが、桓武天皇は都を平城京から平安京に移すときに、これらの寺には、平城京に残るよう命令しました。

答え ▸ 問題48

答え

天皇に権力を集めるために、

僧（お坊さん／仏教勢力）が政治に関わるのをやめさせたかったから。

47で扱ったように、奈良時代、聖武天皇が墾田永年私財法を制定したことにより、天皇の権力は弱くなっていきました。また、聖武天皇が仏教を重視した結果、僧が政治に関わるようになってきたことも天皇の権力を弱める方向にはたらきました。そのような中、桓武天皇は、もう一度天皇に権力を集めるために、都を移したのではないかと考えられています。

問題49 平安（2）

下の地図に書いてあるような古い地名を「旧国名」といいます。「上・前」や「下・後」といった字が多く使われているのが分かりますか？　どちらが「上・前」になり、どちらが「下・後」になるかについては、実は法則があるのですが、それはどんな法則か、分かりますか？

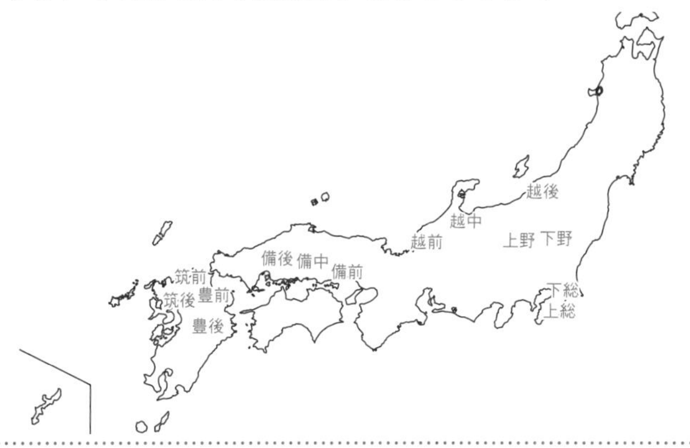

ヒント1

今は、東京に行く鉄道や道路を「上り」、東京から離れる鉄道や道路を「下り」ということがあります。

ヒント2

1868年に「江戸」が「東京」と呼ばれるようになるまで、日本の「都」は奈良や京都といった近畿地方にありました。特に京都は、794年に平安京が作られて以降、1868年まで、ほぼずっと日本の都だったため、「千年の都」と呼ばれています。

答え

答え ▸ 問題49

答え

かつて都(みやこ)であった近畿(きんき)地方に近い方が「上・前」、遠い方が「下・後」となっている。

現在、千葉県がある房総(ぼうそう)半島だけは、都から遠い南の方が「上総(かずさ)」、都に近い北の方が「下総(しもうさ)」になっているように見えます。しかし、これにもきちんと理由があります。当時、都から房総半島の方に行くときは、黒潮(くろしお)の流れに乗って船で行くことが多かったため、当時の人々には、南の方が都に近い、という感覚があったと考えられています。

問題50 平　安（3）

894年、それまで中国と日本を行き来していた「遣唐使（けんとうし）」の派遣（はけん）が停止（ていし）されると、日本では、中国の文化を日本風にした「国風（こくふう）文化」が広まりました。この国風文化を代表するのが中国の文字を日本風にした「ひらがな」ですが、では、次の漢字は、どの「ひらがな」のもとになったでしょうか？

A：寸
B：仁
C：毛
D：世
E：与

答え

A＿＿＿＿ B＿＿＿＿ C＿＿＿＿ D＿＿＿＿ E＿＿＿＿

ヒント

それぞれの漢字の「音読み」がヒントになるかも⁉

答え ▶ 問題50

(A)
答え　**す**

(B)
答え　**に**

(C)
答え　**も**

(D)
答え　**せ**

(E)
答え　**よ**

平安時代、漢字は主に男性が使う字、ひらがなは主に女性が使う字とされ、紫式部や清少納言といった女性たちが、ひらがなを使って価値のある文学を多数残しました。当時、最高の文学者の１人であった紀貫之は、この新しいひらがなに興味があったのでしょう、女性のふりをしてひらがなで書いた「土佐日記」という作品を残しています。

問題51 平安（4）

1018年、藤原道長は宴会の場で、何事も自分の思い通りになる世の中を満月にたとえる和歌をよみました。藤原道長は、なぜそこまで大きな権力を握ることができたのか、次の家系図をヒントに考えてみましょう。

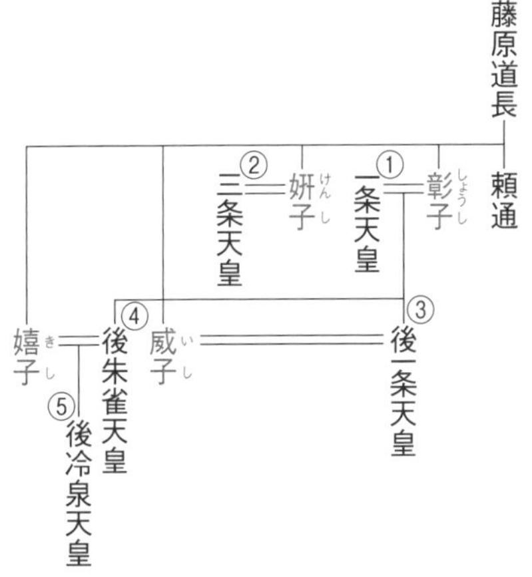

※黒字は男性、赤字は女性です。

※二重線（=）は、両側の2人が結婚していることを示しています。

答え

答え ▶ 問題51

答え

娘を天皇と結婚させ、生まれた子を次の天皇にし、天皇の義理の父親、祖父として思い通りの政治を行ったから。

藤原氏は娘を天皇の后にし、自分は「摂政」「関白」という位について、天皇に代わって政治を行いました。これを「摂関政治」と呼びます。この他にも、広大な「荘園」からばく大な収入を得たり、藤原氏以外の有力な貴族を都から追い出したりしながら、藤原氏は自分の思い通りになる世の中を築いていきました。

問題52 鎌倉（1）

武士が就くことができるいちばん高い位は「征夷大将軍」という位で、征夷大将軍が政治を行う場所を「幕府」といいます。源頼朝が征夷大将軍になり、鎌倉に幕府を開いたのは1192年のことでした。以前はこの年を「鎌倉時代の最初の年」と考える人が多かったのですが、最近ではその前の1185年を「鎌倉時代の最初の年」と考える人も増えているようです。それはなぜだと思いますか？　ヒントを手がかりに考えてみましょう。

答え

平安時代を「貴族の時代」、鎌倉時代を「武士の時代」と考えると、実際に［　　　　　　　　　　］のは1185年からだと考えられるから。

ヒント1

平安時代を「貴族」の時代だとすると、鎌倉時代は「武士」の時代です。平安時代の最後に権力を握った平清盛は、武士であったにもかかわらず、貴族のいちばん高い位である「太政大臣」になることを選びました。

ヒント2

1185年、源頼朝は「壇ノ浦の戦い」で平氏を滅ぼしたあと、自分の部下たちを、国ごとに「守護」、荘園や公領に「地頭」という役職につけました。守護の仕事は軍事・警察、地頭の仕事は税の取り立てで、それぞれ強い権力をもっていました。

答え ▶ 問題52

答え

平安時代を「貴族の時代」、鎌倉時代を「武士の時代」と考えると、実際に **武士の権力が全国に及ぶようになった** のは1185年からだと考えられるから。

1185年や1192年に生きていた人々が「今日から鎌倉時代だ！」と考えていたわけではありません。時代名の多くは、それより後の時代の人々が便宜的に区切ってつけられたものに過ぎません。したがって、歴史の研究が進むにつれて、時代を何年で区切るかについての考え方も変化していくことがあります。

問題53 鎌 倉 (2)

征夷大将軍となった源頼朝は、政治を行う場所として「鎌倉」を選びました。この地が選ばれた理由を、下の地図を参考に考えてみましょう。源頼朝が武士であったこともヒントにしてみてください。

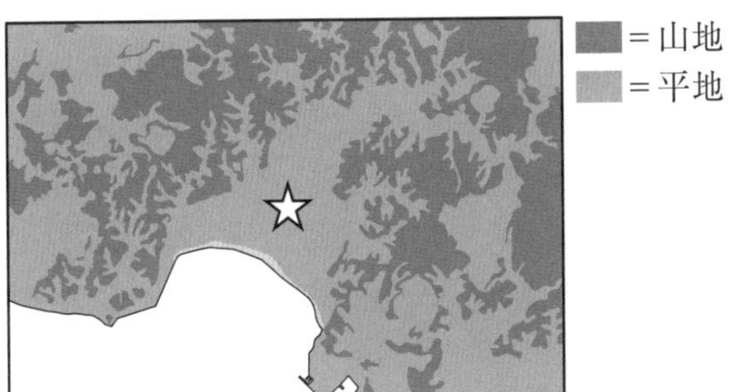

答え

鎌倉は、三方を［　　　］に囲まれ、一方は［　　　］に面しているので、守りやすく攻められにくい場所だったから。

答え ▶ 問題53

答え

鎌倉は、三方を **山** に囲まれ、一方は **海** に面しているので、守りやすく攻められにくい場所だったから。

現在は観光地として有名な鎌倉ですが、もとから「守りやすく攻められにくい」場所にあるため、現在でも「自動車の渋滞が発生しやすい」という特徴があります。風情のある素敵な観光地ですが、遊びに行く場合は電車で行った方が良いでしょう。

問題54 鎌倉（3）

鎌倉時代に入ると、法然という僧が始めた「浄土宗」に代表される、新しいタイプの仏教が生まれ、彼らの教えは民衆の間にすごい勢いで広まっていきました。その理由を、ヒントを手がかりに考えてみましょう。

答え

［　　　　］を唱えることは、農作業をしながらでもできるため、忙しくて貧しい［　　　　］にも受け入れられたから。

ヒント1

平安時代の仏教の多くは、仏様に救われるためには、厳しい戒律を守り、多くの儀式を行い、高度な知識をもっている必要があると教えていました。こういったことを実践できるのは、時間的にも経済的にも余裕のある貴族だけでした。

ヒント2

鎌倉時代の僧、法然は、どのような人でも「念仏」を唱え続けることで、阿弥陀様に浄土に連れて行ってもらうことができる、と考えました。

答え ▶ 問題54

答え

念仏 を唱えることは、農作業をしながらでもできるため、忙しくて貧しい **農民** にも受け入れられたから。

鎌倉時代になると、法然の浄土宗だけではなく、法然の弟子である親鸞が開いた「浄土真宗」、一遍が開いた「踊り念仏」で有名な「時宗」、日蓮が開いた「日蓮宗」など、多くの新しい仏教の宗派が生まれました。いずれも庶民たちに受け入れられやすいものでした。同じころ、中国からは、座禅を組んで悟りを開くことを目指す「禅宗」が伝わり、こちらも日本の文化に大きな影響を与えました。

問題55 鎌　倉（4）

1274年と1281年、中国大陸を征服(せいふく)したモンゴル人の国、「元(げん)」が日本に攻(せ)めてきました。鎌倉幕府(かまくらばくふ)軍は、この元軍を現在の博多湾(はかたわん)のあたりでむかえうち、２回とも勝利しました。しかし、勝ったにもかかわらず、鎌倉幕府はこの後弱くなり、1333年には滅(ほろ)ぼされてしまいます。なぜ、戦(いくさ)に勝ったのに鎌倉幕府は弱くなったのでしょうか？

ヒント1

鎌倉幕府につかえる武士(ぶし)を「御家人(ごけにん)」と呼びます。御家人たちは、幕府が戦争をすると決めたときは「いざ鎌倉！」といって鎌倉に集まり、幕府のために戦うことになっていました。これを「奉公(ほうこう)」といいます。この奉公をしてくれた御家人に対し、鎌倉幕府は「御恩(ごおん)」として新しい土地を授(さず)けていました。

ヒント2

御家人が幕府からもらう「御恩」は、あくまで土地であり、お金（お給料）ではありませんでした。御家人は、幕府からもらった土地で農業をしながら、食べるものなどを手に入れていました。

ヒント3

鎌倉幕府軍がどこかに攻めていって勝った場合は、新しく土地が手に入ります。その土地が御家人に与えられる御恩となっていました。

答え

……………………………………………………

……………………………………………………

答え ▶ 問題55

答え

元との戦いは守る戦いだったので、戦った御家人に与えられる御恩となるはずの土地が手に入らず、御家人たちは経済的に苦しくなっていったから。

御家人たちは多額の費用をかけて元との戦争に臨みましたが、幕府から十分な恩賞がもらえなかったため、経済的に苦しむようになりました。借金が返せなくなった御家人たちを救うため、幕府は徳政令（＝借金を帳消しにする命令）を出したりもしましたが、幕府への信頼は失われていき、1333年、後醍醐天皇らによって鎌倉幕府は滅ぼされました。

問題56 鎌　倉（5）

江戸時代から昭和時代の前半にかけての日本では、家を継ぐのは、原則として長男（いちばん初めに生まれた男の子）と定められていました。しかし、鎌倉時代の武士の家では、土地は長男以外の子どもたちにも分割して相続されていました。一見、平等なように見えるこの制度が長く続かなかったのはなぜでしょうか？

答え

子どもたちに土地を分割して相続させていくと、

[　　　　　　　　　　　　　　　　　　　　]

から。

ヒント

土地の分割相続を何度も繰り返していくとどうなるか考えてみましょう。

答え ▶ 問題56

答え

子どもたちに土地を分割して相続させていくと、

やがて、1件あたりの土地が非常に狭くなってしまう から。

「御家人」とも呼ばれる鎌倉時代の武士の家では、家を統率できる者が主要な部分を継ぎ、残りを他の子どもたちで分割相続していました。女子も相続の対象となっていました。ただ、これを繰り返していくと、1件あたりの土地が小さくなり、家を維持できなくなります。
室町時代になると、女子の相続は制限され、男子の中でもっとも能力のあるものがすべてを継ぐようになっていきます。ただ、これだと今度は兄弟間の相続争いが激しくなります。
そこで、江戸時代に入ると、原則として長子がすべてを継ぐ仕組みが制度化されていきました。現在ではまた異なる制度が採用されていますが、不平等なように見える江戸時代の長子相続にも、そうなった理由があったということが分かります。

問題57 室　町

今から約85年前の1939年、当時の大臣の１人であった中島久万吉が、室町時代の「足利尊氏」という人のことを高く評価したところ、周りから厳しい批判を受け、大臣をやめさせられるという事件が起こりました。どうしてそのようなことが起きたのか、ヒントをもとに考えてみましょう。

ヒント1

1333年に後醍醐天皇が鎌倉幕府を滅ぼしたとき、その下で武将として働いていたのが足利尊氏でした。後醍醐天皇はその後「建武の新政」と呼ばれる政治を行いますが、この政治に不満をもった足利尊氏は後醍醐天皇に逆らって兵をあげました。その結果、後醍醐天皇は京都から吉野に逃げ、足利尊氏は京都に新しく天皇を立てることになりました。

ヒント2　天皇の地位

1889年に作られた「大日本帝国憲法」には、「天皇は神聖にして侵すべからず」と記されており、日本は天皇が支配する国であると定められていました。この憲法は1946年まで日本の憲法であり続けました。当時は、天皇のことを「神」とみなす人も多かったようです。

答え

……………………………………………………………………

……………………………………………………………………

答え ▶ 問題57

答え

天皇が神と考えられていた時代には、後醍醐天皇に逆らった足利尊氏は悪人だと考える人が多かったから。

1931年から1945年にかけて、日本は当時の中国やアメリカなどを相手に大きな戦争を行っていました。そのような中、天皇に逆らう人は国の敵だとみなされる雰囲気が日本全体に広まっていたため、はるか昔のこととはいえ、後醍醐天皇に逆らった足利尊氏は悪人だと考えられていたのです。現在、足利尊氏のことを悪人だと考えている人は、少なくとも当時ほど多くはありません。
歴史上の人物の評価というのは、時代によって変わっていくことがあります。近年では、「徳川綱吉」や「田沼意次」といった人物の評価が徐々に変わっていっています。興味のある人はぜひ調べてみてください。夏休みの自由研究のテーマなどにしてみても面白いかもしれません。

問題58 江　戸（1）

伊勢湾に面した濃尾平野は、揖斐川・長良川・木曽川の3つの川の河口が集まるところで、昔から洪水の多いところでした。今、ちょうど揖斐川と長良川が合流しようとするところにいくと、「治水神社」という神社があります。この神社にまつられているのは「平田靭負」という江戸時代の薩摩藩（現在の鹿児島県）の人です。なぜ、遠く離れた薩摩藩の人が濃尾平野の神社にまつられているのか、ヒントを手がかりに考えてみましょう。

（出所）治水神社01 ／ Tawashi

ヒント1

濃尾平野を流れる3つの川は、昔から大雨が降るとすぐにあふれ、洪水を引き起こしていました。江戸時代の中ごろ、洪水で犠牲になる人が増えたので、江戸幕府は水があふれないようにするために堤防を作る工事を、どの藩に任せるか、悩んでいました。

ヒント2

江戸時代、「参勤交代」という制度がありました。薩摩藩や長州藩といった各藩の殿様に、定期的に江戸と地元を行き来させる制度でした。殿様に家来をたくさんつれて江戸と地元を行き来させることで、各藩にわざとお金を使わせて力を弱めておくことが、江戸幕府のねらいのひとつでした。この話が平田靭負の話にどのように関わってくるか、分かりますか？

答え

答え ▶ 問題58

答え

江戸幕府が薩摩藩の経済力を弱めるために、わざと薩摩藩にやらせた工事を、見事にやりとげた人だから。

工事の総責任者とされた平田靱負は、1000人近い薩摩藩の人をつれて濃尾平野に向かい、1755年、見事に工事を完了させました。しかし、工事は大変なもので、途中、事故や病気で80名をこえる人が亡くなりました。工事を完了させたあと、死者を出したことの責任をとろうとして、平田靱負は自害しました。

濃尾平野では、明治時代にも大規模な工事が行われていて、このときはオランダ人に手伝ってもらっています。オランダという国は、ヨーロッパの海沿いにある国で、堤防を作って海の水を抜いていく「干拓」で国土を広げた国です。「海は神が作り、陸はオランダ人が作る」ということわざもあるそうで、そういった国の治水工事のプロの力や、あるいは江戸時代の多くの薩摩藩士の犠牲の上に、濃尾平野の水害は軽減されていきました。

問題59 江 戸（2）

江戸時代、右のような「なまず絵」と呼ばれる浮世絵が人気を集めました。大きななまずの近くで、お金を手に入れて喜んでいる人々がいますが、この絵は、どのような事実を伝えているのか、ヒントを手がかりに考えてみましょう。

ヒント1

江戸時代、地面の下にいる大きななまずが身を動かしたときに地震が起こる、という言い伝えが人々の間に広まっていました。

ヒント2

上の絵でお金を手に入れて喜んでいる人々は、家の建築や修理を仕事にしている大工や、家具を作る職人などのようです。

答え

答え ▸ 問題59

答え

江戸時代、地震が起きるたびに多くの家がこわれ、大工や職人が利益を上げたということ。

江戸時代末期の1855年、安政の大地震と呼ばれる巨大地震が江戸を襲いました。その前後も日本各地で大地震が頻発していたようです。そのような中、「なまず絵」と呼ばれる浮世絵がお守りとして流行し、いろいろな種類のなまずの絵が江戸を中心に出版されたようです。

問題60 江　戸（3）

「昆布」は主に北海道や三陸海岸など、寒いところの海でとれる海藻です。しかし、なぜか昆布がとれないはずの沖縄の料理にも昆布は使われています。沖縄の人が昆布を使うようになったのは江戸時代のことなのですが、なぜそうなったのか、ヒントを手がかりに考えてみましょう。

答え

［　　　　］が中国に売るために、［　　　　］でとれた昆布を［　　　　］で手に入れて［　　　　］まで運んだから。

ヒント1

江戸時代、日本のまわりを安全に航海するための航路が開発され、蝦夷地（今の北海道）でとれた昆布を、日本海から関門海峡、瀬戸内海を通って大阪まで運ぶことが可能になりました。

ヒント2

江戸時代、大阪は「天下の台所」と呼ばれており、全国の特産物が集まる場所でした。ここでは商売がさかんで、たとえば、薩摩藩（今の鹿児島県）の人が、地元で作った砂糖を大阪まで運び、それを大阪で昆布に交換する、などということもできました。

ヒント3

江戸時代、沖縄は「琉球王国」と呼ばれる独立した国でしたが、実質的には薩摩藩に支配されていました。薩摩藩は、琉球を通じて中国と貿易を行い、大きな利益を手にしていました。当時、昆布は多くの中国人が買ってくれる人気商品でした。

答え ▶ 問題60

答え

薩摩藩（さつまはん） が中国に売るために、 北海道 でとれた昆布（こんぶ）を 大阪 で手に入れて 沖縄（琉球（りゅうきゅう）） まで運んだから。

江戸（えど）時代、河村瑞賢（かわむらずいけん）という人が、「東廻り航路（ひがしまわりこうろ）」「西廻り航路（にしまわりこうろ）」と呼ばれる航路を開発し、日本の物流が一気に活発になりました。北海道（蝦夷（えぞ））でアイヌと交易（こうえき）し、そこで手に入れた品物を西廻り航路で大阪まで運ぶ「北前船（きたまえぶね）」と呼ばれる船が運んだ昆布が、薩摩藩の人々によって沖縄（琉球）まで運ばれたといわれています。

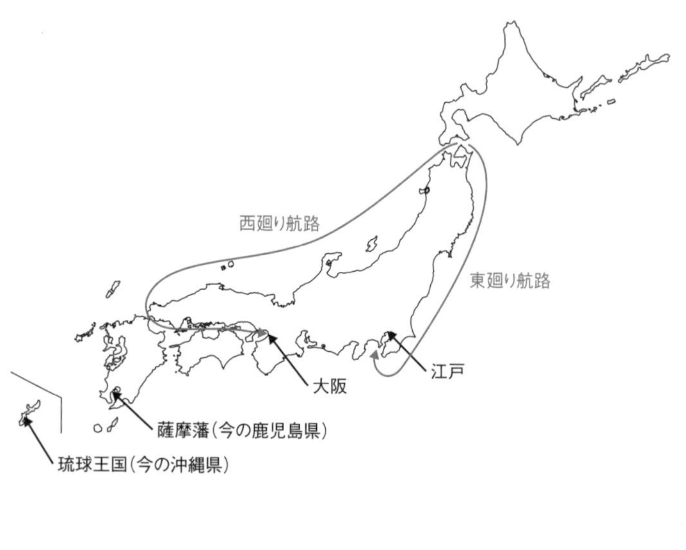

問題61 江　戸（4）

江戸時代になると、染め物に使う「紅花」や「藍」、たたみの原料である「いぐさ」、衣類の原料となる「麻」や「木綿」といった、米以外の作物を作る百姓（農民）が増えていきました。これは（　　）を手に入れようとした百姓たちが増えた結果なのですが、さて、それはいったいなんでしょうか？

答え

ヒント1

百姓が米を作ると、一定の量が「年貢（税）」として納められ、残りは自分たちの主食となることが多かったようです。

ヒント2

それまで肥料は、都市部で集めた人間の排せつ物や、山でとれる草や葉に頼っていましたが、江戸時代になると、「干鰯（ほしたイワシ）」などの肥料が広まっていきました。この新しいタイプの肥料は、百姓が自分たちで作ることが難しく、手に入れるには（　　）が必要でした。

答え　**貨幣（お金）**

非常に多くの物と交換できる「貨幣」はとても便利なものです。日本には平安時代に当時の中国から「宋銭」と呼ばれる貨幣が、そして室町時代には「明銭」と呼ばれる貨幣が大量に入ってきました。江戸時代になると、かなりの人が貨幣を使うようになり、食べるためではなく、売って貨幣を手に入れるための「商品作物」の生産がさかんになっていきました。

問題62 江　戸　(5)

江戸時代の終わりごろ、日本から大量の「金」が失われるという事態が発生しました。なぜこんなことになったのか、次のヒントを手がかりに考えてみましょう。

答え

海外で大量に［　　　］を集めて日本に持ち込み、日本で［　　　］と交換したあと、それをもう一度海外で［　　　］に交換する人が増えたから。

ヒント1

当時、海外では、金と銀の交換比率が「1：15」でした。つまり、「金貨1枚」が「銀貨15枚」と交換されていました。

ヒント2

当時、日本では、金と銀の交換比率が「1：5」でした。つまり、「金貨1枚」が「銀貨5枚」と交換されていました。

ヒント3

日本と海外で金と銀の交換比率が違うことを利用して、簡単に「お金もうけ」ができることに気付いてしまった人々がいました。さて、彼らが何をしたか、分かりますか？

答え ▶ 問題62

答え

海外で大量に **銀（銀貨）** を集めて日本に持ち込み、日本で **金（金貨）** と交換したあと、それをもう一度海外で **銀（銀貨）** に交換する人が増えたから。

海外で「銀貨５枚」を手に入れ、日本で「金貨１枚」と交換し、それをもう一度海外で銀貨と交換すると「銀貨15枚」になります。これに気付いた人々が、日本から金を海外に運んだため、日本では小判を作るのに使う金が不足してしまうという事態が発生しました。

問題63 明 治（1）

「十五夜の月」といえば、一般的に満月を指す言葉です。しかし、今、「15日」に夜空を見上げても満月が見えるとは限りません。なぜ、昔の人は満月を「十五夜の月」と呼んでいたのか、分かりますか？

答え

昔の日本では、［　　　　　　　　　　］が「1か月」だったから。

ヒント1

明治5年（1872年）のカレンダーを調べてみると、12月2日の翌日が、なんと12月3日ではなく、明治6年の1月1日となっています。明治政府が、日付の数え方を大きく変えたことが分かります。

ヒント2

今、私たちが使っているカレンダーは、地球が太陽のまわりを一周する時間を「1年」とし、それを12で割ったものを「1か月」としたものです。日本人がこの「太陽暦」を使うようになってから、まだ150年くらいしかたっていません。

答え ▸ 問題63

答え

昔の日本では、**月が地球の周りを一周する時間**が「1か月」だったから。

明治5年（1872年）まで、日本では、新月の日から次の新月の日までを「1か月（約30日）」とする「太陰暦」と呼ばれるカレンダーが使われていました。このカレンダーでは3日の月は「三日月」になりますし、15日の月は、ほぼ「満月」になります。しかし、世界の主要な国々では「太陽暦」の方が主流だったので、明治政府は「太陰暦」から「太陽暦」に切り替えることにしたのです。

問題64 明治（2）

1872年、イギリス人の技術者の助けを借りて、日本で初めての「鉄道」が新橋（しんばし）駅と横浜（よこはま）駅の間を走り始めました。この鉄道ですが、よく見ると、現在の電車と違って電線やパンタグラフがありません。さてこの時代の鉄道は、どうやって動いていたのでしょうか？

答え

［　　　　　］の力で車輪を動かしていた。

ヒント1

下の図の「火室」という場所に、近くに積んである「石炭」を入れ続ける係の人がいて、石炭を燃やし続けています。なんのために石炭を燃やしているのでしょうか？

ヒント2

水が沸騰（ふっとう）して水蒸気になると、体積は約1700倍になります。そのため、水がどこかに閉じ込（こ）められた状態で沸騰すると、すごい勢いでどこかに出ていこうとします。やかんに水をいれてお湯をわかすと、ふたが持ち上がろうとするのを見たことがあるでしょうか？

答え ▶ 問題64

答え

蒸気 の力で車輪を動かしていた。

明治時代になると、いよいよ人間や動物以外の力で動く「機械」が日本に伝わってきます。この道具から機械への変化を「産業革命」と呼びます。今、私たちのまわりにある機械は「電気」の力で動いていますが、日本で電気が本格的に使われるようになるのは大正時代以降のことです。明治時代の機械は、ほぼ蒸気の力で動いていました。

問題65 明治（3）

1889年2月11日、日本は「大日本帝国憲法」という憲法を発布しました。この憲法を作った伊藤博文たちは、イギリスやフランスではなく、プロイセン（現在のドイツ）の憲法を参考にしたようです。それはなぜか、下のヒントを手がかりにして考えてみましょう。

答え

［　　　　］の力を強いままにしておきたかった当時の日本には、［　　　　］プロイセンの憲法が合っていたから。

ヒント1

憲法は、イギリスやフランスといったヨーロッパの国で、君主の権力を抑えるためのルールとして生まれました。「君主は勝手に国民から税金を集めてはいけない」というようなルールを作ることで、君主の権力を抑え、国民の権利を守ろうとしたのです。

ヒント2

当時のヨーロッパでは、プロイセンという国が、まわりの国を集めてドイツという新しい大きな国を作ろうとしていました。多くの国をまとめるためには力の強いリーダーが必要で、プロイセンの憲法は、憲法でありながら、君主の力を強いままにしておくものとなっていました。

ヒント3

明治政府は、日本をヨーロッパの国々とも軍事的に張り合える戦争に強い国にしようとしていました。そのためには、1人の権力者に権力が集まる「中央集権的」な国の方が良いと考えられていました。

答え ▶ 問題65

答え

天皇 の力を強いままにしておきたかった当時の日本には、**君主の権力が強い** プロイセンの憲法が合っていたから。

中央集権化を進めていた明治政府にとっては、天皇の権力を抑える本来の「憲法」は不要なものだったのかもしれません。ただ、憲法がないと、イギリスやフランスといった先進国から「遅れた国」とみなされて相手にしてもらえなかったため、君主の権力が強いプロイセンの憲法を参考にして、天皇の権力が強い大日本帝国憲法を作りました。

問題66 大　正（1）

1900年代前半、イギリスやフランスといったヨーロッパの国々で、工場や農場など、家の外で働く女性が大幅に増えました。それはなぜでしょうか。

ヒント1

1950年のフランスの人口ピラミッド

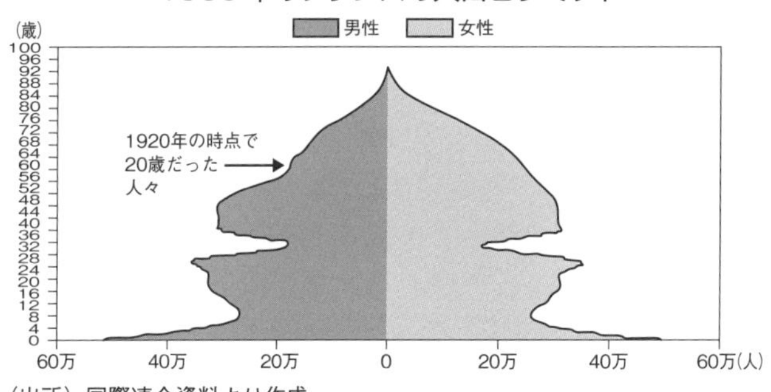

（出所）国際連合資料より作成。

ヒント2

1914年から1918年にかけて、世界は「第一次世界大戦」と呼ばれる大きな戦争を経験しました。ヨーロッパを中心に世界の多くの国々を巻き込んだこの戦争では、毒ガスや戦車、飛行機などの新兵器が投入され、1000万人以上の人が戦死したと考えられています。

答え

答え ▶ 問題66

答え

戦争で多くの男性が戦死した結果、それまで男性がしていた仕事を女性がやらざるを得なくなったから。

1914年から始まった「第一次世界大戦」では、戦場に送られた男性を中心に非常に多くの人が戦死しました。人口ピラミッドでも、大戦当時20代から30代だった世代において、男性の数が女性に比べて極端に少ないのが分かります。そのため、特に主な戦場となったヨーロッパの国々では、それまで男性が就くことが多かった工場や農場、交通機関や銀行などでの仕事を女性が担当しないと、社会全体が立ち行かなくなりました。
家の外で働く女性が増えた結果、政治に参加する権利など、それまで男性にしか認められてこなかった権利が、女性にも認められるようになっていきました。

問題67 大 正(2)

1914年、「第一次世界大戦」が始まります。「世界大戦」とはいいますが、主な戦場はヨーロッパでした。戦場にならなかった日本は、船などの輸出を大きく伸ばし、「大戦景気」と呼ばれる好景気を迎え、収入が増えた人も多かったようです。しかし、それでも多くの庶民たちは、生活が苦しくなったと感じたのですが、それはなぜか、次のグラフから読み取れますか？

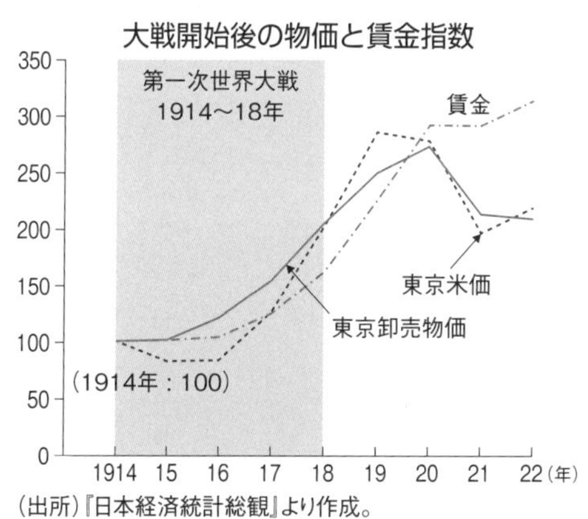

(出所)『日本経済統計総観』より作成。

答え

[　　　　] よりも、[　　　　] 方が早かったから。

ヒント

「物価」とは「ものの値段」のことで、「賃金」とは働いている人がもらう「お給料」のことです。

答え ▶ 問題67

答え

賃金が上がる よりも、**物価が上がる** 方が早かったから。

みんなの賃金が上がれば、高いものも売れやすくなります。したがって物価は上がっていきます。そうすると売る側の人の利益は増えるので、さらに賃金が上がります。こういった好循環を「好景気」といいます。しかし、そもそも物価が上がらなければ、賃金は増えません。そのため「賃金が上がる」のと「物価が上がる」のとでは、必ず「物価が上がる」方が先にきます。この間、多くの人々の生活は苦しくなります。

問題68 昭和（1）

下の図は、昭和15年（1940年）ごろの運動会の種目（しゅもく）です。今の運動会にはない種目がいくつかあります。特に6番・8番・18番・22番などから、当時がどんな時代だったか考えてみましょう。

運動会順序

番号	種目	出場
1	ラジオ体操	全員
2	綱引き	初一
3	一〇〇メートル走	六男
4	友運び	三男
5	棒おし	四男
6	担架（たんか）競争	四女
7	五〇メートル走	一男
8	救護競争	高一男
……		
17	縄とび競争	五女
18	弾丸（だんがん）送り	三女
19	縄引き	高一
20	棒うばい	六男
21	職員競争	職員
22	バケツ送り	六女

答え

若い女性も［　　　］に協力することが求められた時代だった。

答え ▶ 問題68

答え

若い女性も **戦争** に協力することが求められた時代だった。

第一次世界大戦によってもたらされた好景気（「大戦景気」）が終わると、日本はまた経済的に苦しい状況におかれました。その苦しみを、他の国の領土をうばうことで乗り越えようとした日本は、1931年、中国大陸に軍隊を送り、15年間続く長い戦争を戦うことになります。この戦争は、兵隊さんだけが戦う戦争ではなく、国民全員が協力させられる「総力戦」でした。そのため、運動会でも「担架競争」や「救護競争」といった、戦争にそなえた訓練となる種目が用意されました。

問題69 昭和（2）

1945年、日本との戦争に勝ったアメリカ軍の責任者マッカーサーは、日本の軍隊を解散させ、日本を「軍隊をもたない国」にしようとしました。しかし、1950年、アメリカは日本が再び軍隊をもつよう要求し、日本は「警察予備隊」を作ることになりました。なぜ、わずか5年でアメリカの方針が大きく変わったのか、ヒントを手がかりに考えてみましょう。

ヒント1 冷戦

1945年、第二次世界大戦が終わりに近づいてきたころから、世界は「冷戦」に突入します。冷戦とは、アメリカを代表とする「資本主義」の国々と、ソ連を代表する「社会主義」の国々の対立を指す言葉です。日本の支配から解放された朝鮮半島も、この対立に巻き込まれ、1948年、ソ連側の「北朝鮮」とアメリカ側の「韓国」に分断されました。

ヒント2 朝鮮戦争

1950年、北朝鮮が韓国に攻め込み、「朝鮮戦争」が始まりました。北朝鮮はソ連の支援を受けており、そのままでは韓国はすぐに負けてしまう危険があったので、マッカーサーは日本にいたアメリカ軍を韓国に送らなくてはなりませんでした。

答え

……………………………………………………

……………………………………………………

答え ▸ 問題69

答え

日本にいるアメリカ軍が朝鮮戦争を戦う間、日本を守る軍隊が必要になったから。

アメリカとソ連の対立である「冷戦」に、日本は「アメリカ側の国」として組み込まれました。下の世界地図を見ると、アメリカにとって、日本はソ連が太平洋に出てくることを防ぐための大切な拠点であることが分かります。
もし韓国、そして日本がソ連側の社会主義の国になってしまったら、ソ連は自由に太平洋に出てくることができます。
そのため、アメリカは日本にアメリカ軍を残し、さらに日本にも軍隊を復活させることを指示しました。このときに結成された「警察予備隊」は、現在「自衛隊」と呼ばれています。冷戦は1989年に終わり、現在ソ連という国はありませんが、日本には今もアメリカ軍基地が残されています。

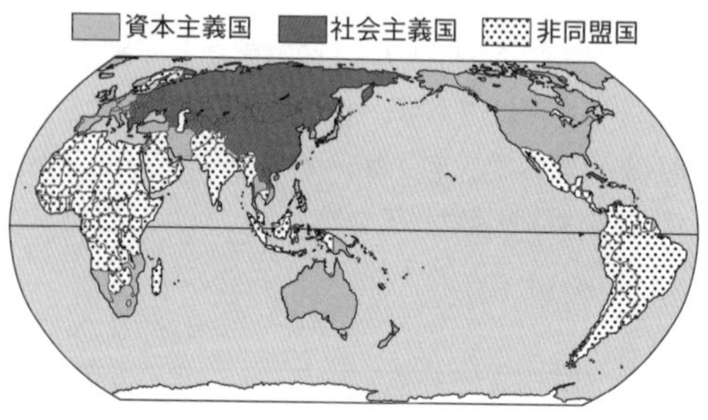

問題70
昭　和　(3)

1973年、日本の様々な産業を支えていた石油(せきゆ)の価格が大きく上がったことで、それまで続いていた日本の経済成長がいったん止まりました。このとき石油の価格が上がった理由を、ヒントを手がかりにして考えてみましょう。

ヒント1　約3000年から2000年前の話

矢印のあたりにあったイスラエルという国が滅んだ結果、そこに住んでいたユダヤ人は国を失って世界中に散らばっていきました。

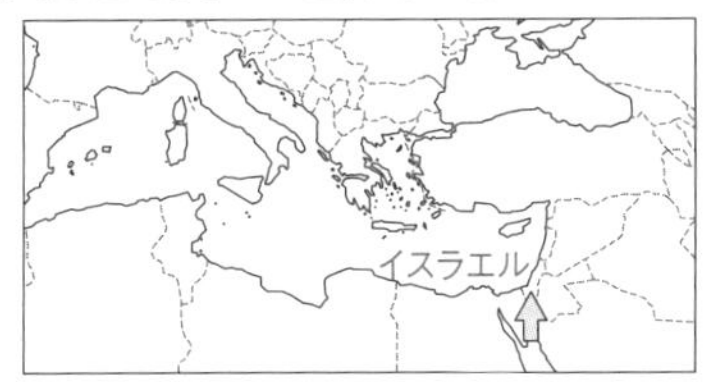

ヒント2　約75年前の話

第二次世界大戦(だいにじせかいたいせん)が終わった後、ユダヤ人たちは、ここに住んでいたアラブ人を追い出し、イスラエルという国をもう一度作ろうとしました。アメリカやイギリスはユダヤ人を支援(しえん)しましたが、周囲のアラブ人の国々はそれを認めず、戦争が繰(く)り返(かえ)されることになりました。

ヒント3　石油

1960年代からサウジアラビアやイラクといったアラブ人の国々から石油がたくさんとれるようになり、アメリカやイギリスはもちろん、日本もアラブ人の国々からたくさんの石油を買うようになっていました。

答え

…………………………………………

…………………………………………

答え ▶ 問題70

答え

石油がとれるアラブ人の国々が、イスラエルを支援する国々に対する攻撃として、石油の価格を上げた結果、日本でも石油が手に入りにくくなったから。

1973年の「(第一次) 石油危機」は、日本にとても多くの影響を与えました。燃料費の価格が上がったことにより遠洋漁業が衰え、石油化学工業に代わって機械工業、特に自動車工業が発展するきっかけとなりました。石油を燃料とする火力発電の割合を減らすために、原子力発電が増えていったのもこのころです。石油をはじめとする多くの地下資源を自給できない日本にとって、地下資源の確保は長年の課題です。

問題 71

平　成

平成元年にあたる1989年、日本で初めて「消費税(しょうひぜい)」が導入されました。
モノやサービスを買うときにかかる「消費税」は、どんな人にも同じ税率(ぜいりつ)が適用(てきよう)されます。お金持ちも貧(まず)しい人も、消費税率は変わりません。このような特徴をもつ消費税について、「平等だ」と考える人もいれば批判的にとらえる人もいます。批判的にとらえる人の意見の根拠(こんきょ)を考えてみましょう。

ヒント

「平等」と「公正」という言葉の違いについて、次のようなイラストで説明されることがあります。

平等　　公正

答え

誰(だれ)にも同じ税率が適用される消費税は、

［　　　　］人ほど負担(ふたん)感が大きいと考えられるから。

答え ▶ 問題71

答え

誰にも同じ税率が適用される消費税は、

貧しい 人ほど負担感が大きいと考えられるから。

100万円の自動車を購入したとき、消費税率が10%だとすると、10万円の消費税を支払わなければなりません。１年に2000万円稼ぐ人にとって、10万円は年収の0.5%です。それに対し、１年に200万円稼ぐ人にとって10万円は年収の５%です。収入が少ない人の方が負担率や負担感が大きくなることを「消費税には逆進性がある」と表現します。
前ページの「平等」のイラストのように、万人に平等な（=同じ）条件を課すことは、必ずしも「公正」のイラストが示すような状態を導きません。
この消費税の逆進性対策のひとつとしてあげられるのが、誰もが必要とする生活必需品の税率を低く抑えておく「軽減税率」です。

問題72 令 和

2022年２月、ロシア軍が本格的にウクライナに侵攻しました。それに対し、世界の193の国や地域が参加し、世界の平和と安全を守るための組織であるはずの「国際連合」は、なかなか有効な手立てを取れませんでした。考えられる理由を、ヒントをもとに考えてみましょう。

ヒント1

国際連合で、加盟国に対して強制力をもったルールを作る力を与えられているのは「安全保障理事会」と呼ばれる組織です。

ヒント2

「安全保障理事会」が何かを決めるには、５つの「常任理事国」すべてと、10の「非常任理事国」のうちの４か国以上が賛成する必要があります。常任理事国が１か国でも議決を阻止することができ、これを「常任理事国は拒否権を持つ」と表現します。

ヒント3

現在、安全保障理事会の常任理事国とされているのはアメリカ・イギリス・フランス・中国・ロシアの５か国です。

答え

……………………………………………………………………

……………………………………………………………………

答え ▶ 問題72

答え

拒否権を持つ安全保障理事会の常任理事国であるロシア自らが始めた戦争だったから。

国際連合の中で中心的な役割を果たす「安全保障理事会」は15の理事国で構成されています。そのうち「常任理事国」と呼ばれる、中国・フランス・ロシア・イギリス・アメリカの５か国には「拒否権」と呼ばれる強大な権利が与えられています。この５か国のうち１か国でも反対している案件については、安全保障理事会は決議することができません。

2022年２月から本格化したウクライナ侵攻は、拒否権を持つロシアによるものだったため、安全保障理事会はロシアの侵攻を止めることができませんでした。

安全保障理事会が拒否権によって機能しなくなったとき、「平和のための結集決議」に基づき、全国連加盟国が参加する「総会」が緊急会合を開くことができるようになっています。ただ、安全保障理事会と異なり、総会の決議は加盟国を拘束しないため、実際に戦争を止めるのは難しいといわざるを得ません。

おわりに

保護者の方が自由に見学できる完全1対1制の個別指導教室で、多くのお子さんや保護者の方と社会を勉強する日々を送りながら、心を痛めてきたことがあります。

4年生の春から6年生の夏までかけて膨大な量の知識を頭に詰め込んできたはずなのに、秋に志望校の過去問に挑戦したら思うように解けず、親子ともどもショックを受けるご家庭が、毎年、少なくないのです。

そのケースに陥ってしまうお子さんの多くが、入試直前期に至るまで、「知識を組み合わせる力」、すなわち「考える力」を鍛えてこなかった、という問題を抱えています。

とはいえ、そのことで保護者の方が自分を責める必要があるのかというと、決してそういうわけではありません。世の中全体を見渡したとき、お子さんが社会について「考える」機会そのものが、圧倒的に不足しているのです。

大学入試制度改革に伴い、2020年度から、今まで以上に受験生の「思考力・判断力・表現力」を測る方向にシフトされた「大学入学共通テスト」が導入されました。

総合型選抜を含む新たな入試制度や、海外進学の増加などにより、現代の受験生には、学力以前に、入試そのものをプランニングする段階から考える力が求められるようになっている印象を受けます。

中高一貫校が大学進学実績を向上させるためのいちばんの近道は、最初から大学入試に対応できる力を持っている生徒に入学してもらうことです。したがって、中学入試においても、今後、今まで以上に「思考力・判断力・表現力」を問う問題が増えていくことが予想されます。

もちろん、中学受験などに関わりなく、「思考力・判断力・表現力」というのは、厳しい世の中を生き抜いていくのに必要な力です。緊迫した東アジア情勢の中で、人口は減少の一途をたどり、AI の活躍まで予想される、そんな近未来の日本を生きるお子さんたちには、ぜひとも身につけておいて欲しい力です。

であれば、できるだけ早いうちからこういった力を鍛えるに越したことはないと、情報を集めるために書店に足を運んでみても、「考える力を鍛えます！」と謳(うた)っている本のほとんどは算数系のパズルです。それはそれでとても重要ですが、「社会」や「世の中」に関する低学年向けの教材はほぼ目に入りません。

考えてみれば当然のことです。

「考える」ということを「複数の知識を正しく組み合わせること」ととらえた場合、お子さんたちは、考えるために必要な知識そのものを持っていないことが多いからです。

「お店で売っているパンの値段が、前に買ったときよりも高くなっている……」

と気づいたとしても、その理由を「考える」ためには、

「パンの原料はなんなのか」
「それはどこからやってきているのか」
「モノの値段はどうやって決まっているのか」

といったことに関する知識がどうしても必要となってきます。

一般的には、中学受験に向けて、膨大な量の知識を頭にたたき込んできたごく一部のお子さんだけが、6年生の後半になって、なんとか世の中について「考える」ことができるようになる、というのが実際のところです。

こういった現状の前に、２つの問題が浮かび上がってきます。

ひとつは、中高一貫校の入試問題の難化に伴い、中学受験を経験されたお子さんと、そうではないお子さんの「知識」と「思考力」の格差が広がりつつあるという問題。

もうひとつは、思考力を問う問題が増えつつあることにより、入試直前期になり、実際の入試問題を解く段階になって初めて、お子さんの「考える力」が鍛えられていないことに気づき、受験校を変更せざるを得ないご家庭が増えてきている、という問題です。

いずれも客観的な裏付けがあるものではありませんが、こういった傾向があることは、受験指導の最前線で戦い続けていらっしゃる多くの先生方には共感していただけるのではないかと思います。

ごくわずかでも、その２つの問題を解消するための助けとなれば、という思いを込めて本書を執筆しました。

もちろん、この本をお子さんに渡しただけで、みるみるお子さんの頭がよくなります！というつもりはありません。

しかし、本書を通じて、ひとつでもお子さんが「知っていること」が増えたのであれば、それは間違いなくお子さんの人生にプラスに働きます。

また、後半の問題を解き進める中で、１回でも、知識と知識を組み合わせる体験ができたのであれば、それも間違いなくお子さんの人生にプラスに働きます。

この本は、「中学受験向けの問題集」ではありませんが、だからといって、必要以上に「簡単」にしたつもりもありません。全172問の中には、中学受験の勉強をしているお子さんでも難しく感じる問題も複数あります。

特に、足利尊氏の評価の変遷に触れた思考問題編の57や、警察予備隊の発足について触れた69、パレスチナ問題と石油危機に触れた70は、最後まで入れるかどうか悩みました。

ただ、こういった「謎」が世の中に存在しているということ、それが今の私たちの生活に大きな影響を及ぼしているということを、お子さんたちの頭の片隅に置いておくだけでも価値はあるのではないかと考え、あえて省きませんでした。

とはいえ、学術的な知識が求められる問題はできるだけ排除しましたので、もしお子さんが悩んでいたら、あるいは保護者の方に何か質問されるようなことがあれば、ぜひ一緒に考えてみてあげてください。

この本を通じて、お子さんと保護者の方のコミュニケーションの量が増えれば、問題作成者として、それ以上うれしいことはありません。

「教えてあげる」も良し、「一緒に解く」も良し、「話を聞いてあげる」も良し、お子さんが世の中に興味を持つまでお子さんの近くに「置いておく」も良し。

お子さんにとって、そしてご家庭にとってちょうどよい形で、本書をお役に立てていただければ幸いです。

【著者紹介】

馬屋原　吉博（うまやはら・よしひろ）

◉——中学受験専門のプロ個別指導教室SS-1副代表。中学受験情報局『かしこい塾の使い方』主任相談員。

◉——大手予備校・進学塾で、大学受験指導、高校受験指導の経験を積んだうえで、現在は完全１対１・常時保護者の見学可、という環境で中学受験指導に取り組んでいる。オンラインサービス「SS-1テラス」にて、集団授業や保護者会も定期的に実施中。

◉——暗記に終始し、社会が嫌いになる生徒が多い中、必死に覚えた膨大な知識で混乱している生徒の頭の中を整理し、テストで使える状態にする指導方法が好評。バラバラだった知識同士がつながりを持ち始め、みるみる立体的になっていく授業は、生徒はもちろん、後ろで見ている保護者も楽しめると絶大な支持を得ている。

◉——おもな著書に、『楽しくおぼえてアタマに残る謎解き社会用語』（かんき出版）、『CD２枚で古代から現代まで 聞くだけで一気にわかる日本史』（アスコム）、『今さら聞けない！ 政治のキホンが２時間で全部頭に入る』（すばる舎）など多数。

◉——本書はロングセラーとなった『頭がよくなる謎解き社会ドリル』の改訂版である。

中学受験専門のプロ個別指導教室 SS-1　　https://www.ss-1.net/

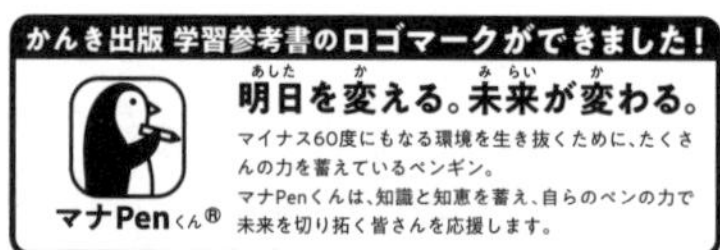

改訂版　頭がよくなる謎解き社会ドリル

2016年12月19日　初版　第１刷発行
2023年４月３日　改訂版第１刷発行

著　者——馬屋原　吉博
発行者——齊藤　龍男
発行所——株式会社かんき出版
東京都千代田区麹町4-1-4 西脇ビル　〒102-0083
電話　営業部：03(3262)8011㈹　編集部：03(3262)8012㈹
FAX　03(3234)4421　　振替　00100-2-62304
https://www.kanki-pub.co.jp/

印刷所——ベクトル印刷株式会社

　ISBN978-4-7612-3086-9 C6030